エーリッヒ＝フロム

フ　ロ　ム

● 人と思想

安田 一郎 著

60

CenturyBooks　清水書院

フロムをめぐって思い出すこと

フロムとの出会い

私が心理学を学ぶ決心をして大学に入ったのは、昭和二四年のことであった。第二次世界大戦が終わって三年半、町は廃墟であり、学生の生活は貧しかった。タバコは一本ずつバラで買い、食堂では御飯だけをとり、テーブルにおいてある醤油をかけて食べる学生も少なくなかった。しかし長い戦争のため学問に飢えていたせいもあって、学問に対する情熱にははげしいものがあった。当時私たち心理学科の学生がたたきこまれたものは、ゲシュタルト心理学と新行動主義であった。私ははじめ、それらの講義を熱心に聞いたが、なにか満たされないものを感じた。そういう心理学は「心理」ということばから連想されるものとは、なにか違っているように思えてならなかった。

その当時は、日本語で書かれた心理学の本はなに一つなかったし、翻訳書もないし、洋書も手に入らなかった。それで私は、毎週のように日比谷映画劇場のまえの「日東紅茶」の建物にあったアメリカ文化センターに通い、アメリカの新しい本を片っ端から借りて読んだ。オーバーな言い方をすれば、当時はここだけが、江戸時代の長崎のように、外国の新しい知識が入って来る場所であった。さらにこの図書館がよかったことは、日本の旧来の図書館のように閲覧票を書いて本を受けとるシステムではなく、書庫に入って本を直接見られるシステムであったことであった。こうして面白そうな本をいろいろ借りて読んでいるうちに、アメリカには「新フロイト派」という学派があり、フロイトの理論を社会学的に解釈し直していることを知った。しかしこの図書館には、フロムの本はなかったように記憶している。

ホルクハイマー

当時私がもっとも私淑していたのは、清水幾太郎氏であった。私は氏が書かれたものはすべて愛読したが、とくに感銘を受けたのは、昭和二六年一〇月に出版された岩波全書の『社会心理学』であった。氏はこの本の末尾で、フロムの『自由からの逃走』について触れられ、これが自分の思想を支え、かつ励ますものになったと書かれているのを見て、私はいっそうフロムに注目するようになった。

この年の一二月、日高六郎氏の訳になる『自由からの逃走』が出版された。私は早速この本を買って読み、強い感銘をうけた。戦争もファシズムもつい昨日のことのように思われた当時のことだから、この本から受

アドルノ

けた印象は鮮烈なものであった。彼のナチズムの分析は一つ一つ首肯できた。また私は、これこそ私が求めていた「心理学」だと思った。

その頃私は、アメリカ文化センターで『権威主義的パーソナリティ』（一九五〇年）という黒表紙の分厚い本を見つけた。著者は、ホルクハイマー、アドルノといった人びとで、当時私がぜんぜん知らない人であった。私はこれを読んで、これはフロムの権威主義的性格の実証的研究だと思った。この本と、その当時大学で演習のテキストに使っていたブレイクとラムジの『知覚。パーソナリティの一研究』（一九五一年）中のフレンケル＝ブランスウィックの論文に刺激されて、権威主義的性格を卒業論文のテーマにしようと決心した。私はホルクハイマーの前記の著書にならって調査票を作り、これを学生諸君や右翼と目される政治家に記入してもらい、さらに実験的研究をつけ加えて「イデオロギーとパーソナリティ」という大仰な題名の卒業論文にして、大学を卒業した。

私は、大学を出てからもフロムの本を読んだが、『自由からの逃走』以後、フロムは変わってしまったように思えてならなかった。颯爽《さっそう》としたフロムは消え、彼は徳を説く道学者に変身したように思えた。私は「道学者」は苦手であった。こうして、フロムは私の視界から次第に消えて行った。

昭和四六年一二月、八王子にある「大学セミナー」というところで、三日間泊まりこみで「エロスと革命」という講義をすることを頼まれた。新左翼に共鳴している学生が多かった時代であった。私はライヒとマルクーゼの話をしたが、出席した学生諸君はたいへん熱心に私の話を聞いてくれた。これがきっかけになり、私はフランクフルト学派のことを調べる気になった。幸い、この前後から、哲学者のあいだでフランクフルト学派の研究がさかんになった。そのおかげで、私は、これまでおぼろげにしか知らなかったフロムとホルクハイマー・アドルノ・マルクーゼといった人たちの関係をはっきり知ることができた。さらに調べて行くうちに、ゾルゲやウィットフォーゲルもこの学派と関係があることを知り、私はなにか旧知に会ったような感慨にとらえられた。そして私の思いは、遠い少年時代の事件にさかのぼって行った。

謎の男

私の父は昭和初期、東京の青山で開業医をしていた。今日では青山はおしゃれとブティックの街であるが、私の少年時代、青山から麻布にかけての地区は兵営と軍隊の町であった。当時、父のところに来る患者などは私にはなんの関心もない存在であったが、一人の患者だけは私たち兄弟の関心をひくようになった。それは、父が他の患者の診察がすむまでこの患者だけは待たしておき、それからこの患者を診察室に入れて、長い間部屋から出て来ないからであった。診察室の隣は調剤室になっていて、ガラス戸のしきりがあった。あるとき私は弟と一緒に調剤室にしのびこみ、父がこの患者となにをしているのかのぞいてやろうとした。それはちょうどホフマンの『砂男』に出てくる話、つまり父のところに来る砂男という謎の男が一体だれか、そして父となにをするのかを見るために、男の子がカーテンにかくれて盗み見をする話とそっくりであった。私と弟はかわりばんこにガラス戸の割れ目からなかを覗いた。父は男と顔をつき合わせ、なにかしゃべっているが、声はぜんぜん聞こえなかった。それは無気味な雰囲気であった。父はあとで、この人はアメリカ帰りの画家だとだけ言った。その証拠に、この人の描いた油絵がいくつか、診察室に飾られた。この出来事は、昭和一四、五年のことだったと記憶している。

ところで私の中学の一年上に辻邦生氏がいた。私は朝学校に行くとき辻先輩にはよく会った。あるとき彼が岩波新書から出た尾崎秀実《ほつみ》の『現代支那論』を読めとすすめてくれた。辻先輩は私たちの中学の大秀才であったから、私は先輩の言うことをきき、この本を買って読み、たいへん感心した。

昭和一七年五月一七日の朝刊は、「国際諜報団検挙さる」というニュースを、当時としては大きな紙面を割いて報じた。検挙された者は、リヒァルト＝ゾルゲ・宮城与徳・尾崎秀実と書いてあるのを見て、私は大きな驚きを感じた。宮城与徳は私が覗き見した謎の男であり、尾崎秀実は先輩がすすめてくれた本の著者であった。ゾルゲという人物は知らなかったが、この人物は私の大きな関心をかきたてた（三三ページ参照）。

それから一か月もたたないうちに父もこの事件の関係者として逮捕され、長いあいだ警察に留置されていた。母は毎日警察に差し入れに行った。このとき警察に、紺がすりを着た眉目秀麗な青年が留置されており、母親か姉さんのような女性が差し入れに来ていることを、私は毎日のように母から聞かされた。この青年は仲間を集めてマルクスの本を読んだため、つかまったということであった。そのうち私は、この青年の名前から、この人が当時岩波新書から出ていたウィットフォーゲルの『支那社会の科学的研究』の訳者であることを知った。それで私は、顔も見たこともないこの青年にひそかに畏敬の念をもち、またウィットフォーゲルの名前は心に強く焼きつけられた（この「青年」は戦後日本のマルクス主義経済学の重鎮になった）。

こうして十代のとき奇妙なことから私の心をとらえたゾルゲとウィットフォーゲル、二十代のとき私に深い印象を与えたフロム・ホルクハイマー・アドルノ、そして四十代のとき知ったマルクーゼ——こういった人びとがもとは同じグループであったことを知ったことは驚きであった。それで私はもう一度フロムへの関心をかきたてられ、中央大学の生松敬三氏にお願いしてフロムの初期の論文を見せていただいたりした。そしてフロムは変わったわけではなく、はじめから一貫したものがあることを知った。

フロムの伝記

昭和五三年一一月、小牧治先生から『人と思想　フロム』を書いて欲しいというお電話をいただいた。ありがたくお引き受けしたものの、肝心のフロムの伝記は皆目わからなかった。フロムは、フロイトと違って、著書のなかで自分のことをあまり語っていないし、他の人が書いたフロムの伝記もない。私ははたと困ってしまった。しかし原稿の締切は昭和五四年一二月末なので、それまでにくわしいフロムの伝記がアメリカで出版されるかもしれないと、執筆を一日一日延ばしていた。ところが調べて行くうちに、フロムと同じ学派を形成したサリヴァン（一八九二〜一九四九年）とホーナイ（一八八五〜一九五二年）のくわしい伝記がアメリカで出版されたのは、前者は一九七六年、後者は一九七八年であることがわかった。つまり伝記が刊行されるまでに、死後二〇年以上の歳月がたっている。これから私は、フロムのくわしい伝記を知ることは当分望めないと考え、昭和五四年九月見切り発車することにし、執筆を開始した。この本が、このシリーズの他の本に比べて、伝記の部の記載が少ないのは、昭和五四年の時点では資料がなかったためである。この点については、読者のご寛容をお願いしたい。しかしフロムと交遊のあった人びとの伝記から、フロムの伝記を構成するといった努力はしたつもりである。

この本を執筆するにあたって、フロムの多くの訳書やフランクフルト学派の研究書を参考にさせていただいた。著訳者の諸先生に心からのお礼を申し上げたい。

目次

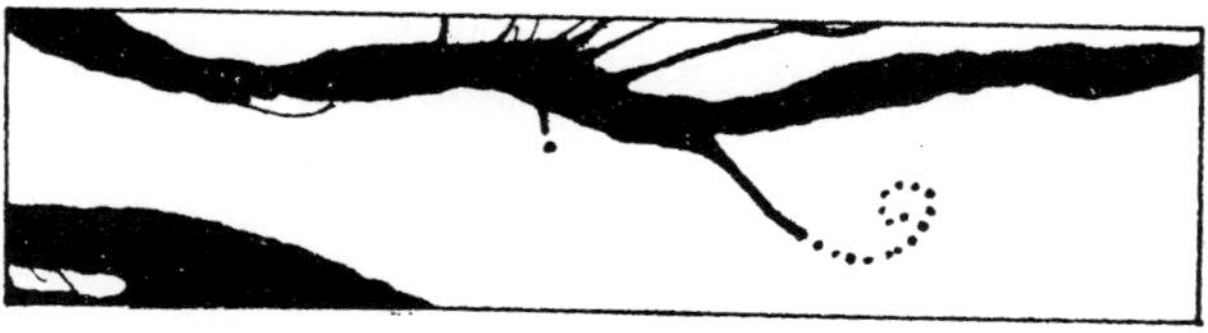

Ⅲ　新フロイト派の形成

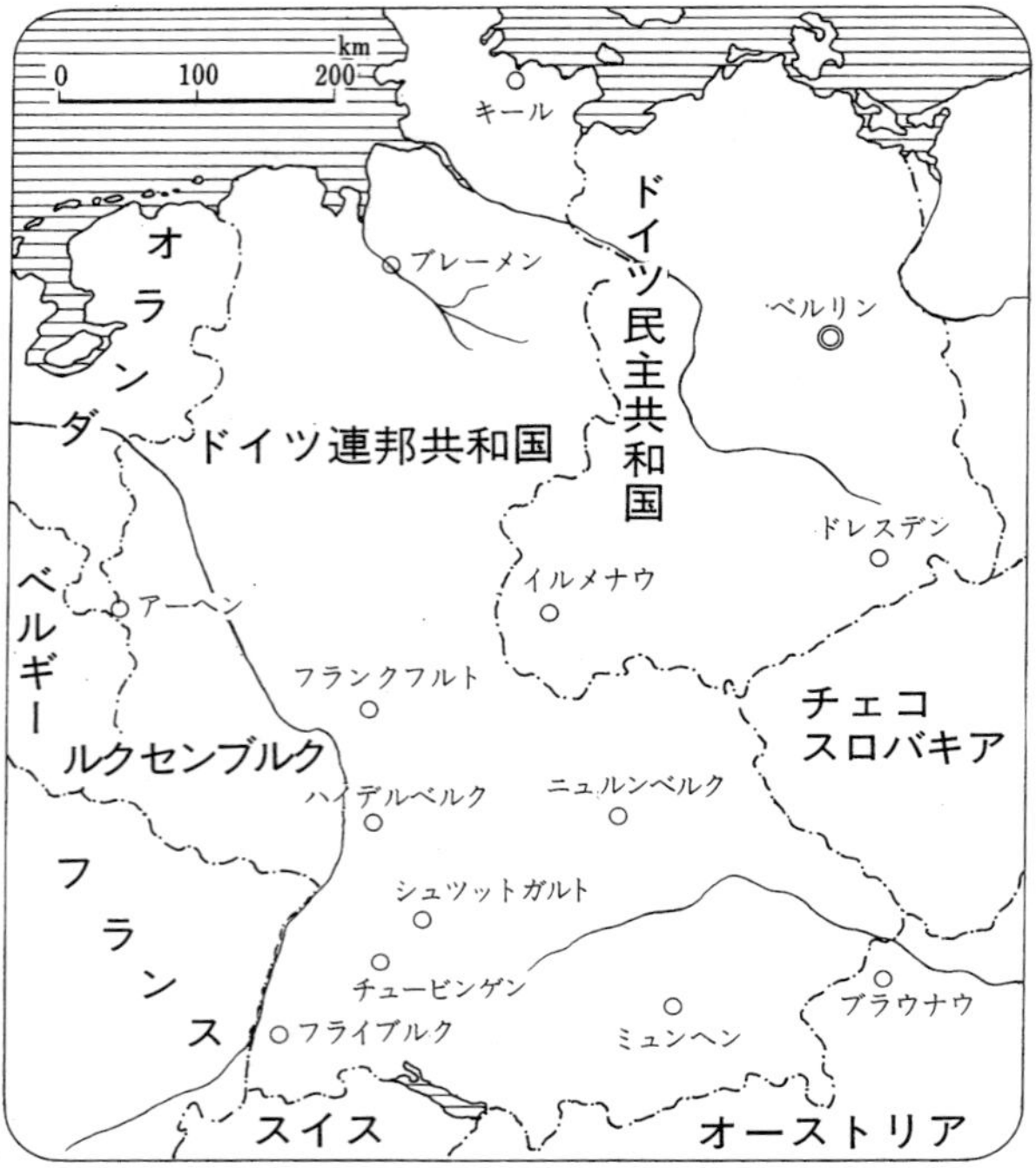

ドイツ地図

（地名は、本書に登場するものだけを記載）

I　人間フロム

その生いたちと戦争の時代

商業都市フランクフルトとユダヤ人　ドイツ南西部フランス国境に近いところにフランクフルトがある。この地は、ベルリンの東オーデル河畔のフランクフルトと区別するため、フランクフルト－アム－マイン（マイン河畔のフランクフルト）といわれる。このフランクフルトは、ドイツの都市のなかでもっとも古いものに属し、創設は八世紀の終わりにさかのぼる。一一五二年フリードリヒ一世（バルバロッサ、赤ひげ大王）がこの地で神聖ローマ帝国皇帝に推挙されて以来、ドイツ皇帝の戴冠式はこの地で行われる習《ならわし》になった。下っては一八四八年、この地にドイツで最初の議会、フランクフルト国民議会が召集され、ドイツの統一と憲法制定が議決された。この地はこのように政治上の要地であるだけでなく、経済的な要地であった。これは交通の要衝であることからきていた。すなわち市を流れるマイン河はライン河に合流してオランダに通じ、また西に行くとフランス、南に行くとスイス、東南に行くとオーストリアに達した。こうしてフランクフルトは、古くから商業都市として栄えていた。

このフランクフルトに、エーリッヒ＝フロムは、一九〇〇年三月二三日裕福なユダヤ人の商人の

フランクフルトのユダヤ人街（19世紀）

一人息子として生まれ、濃いユダヤ教の色彩のなかで育った。

ここでフランクフルトのユダヤ人について述べておかなければならない。一九〇五年の調査によると、ドイツの人口六、〇六四万人中、プロテスタント三、七六〇万人、カトリック教徒二、二〇〇万人に対し、ユダヤ教徒六〇万人で、総人口の約百分の一であった。ところがフランクフルトでは、同年の調査で、人口三三万人中プロテスタント二〇万人、カトリック教徒一〇万人、ユダヤ教徒約三万人で、総人口の十分の一を占め、その比率はドイツの他都市に比しきわめて高かった。

一六世紀後半、西欧諸国（ドイツ・フランス・イタリア・ポーランド）は、ユダヤ人がキリスト教徒と一緒に住むことを禁止し、彼らを都市の一定の区画に押し込めた。この一定の居住区はゲットーとか、ユーデンガッセ（ユダヤ人街）といわれ、その入口には頑丈な門がついていて、キリスト教徒の門番か兵隊が見張っていた。ユダヤ人はゲットーの外に出るときには、ドイツでは左の胸に円形の黄色のバッジをつけなければならなかったし、夜間ゲットーの外に出てはならなかった。そしてこれに違反することは、犯罪とみなされていた。ゲットーの中は細い路地が迷路のように通り、家々はきわだって高かった。これは限られた土地のなかに増加する人を収容するには、建物を上に伸ばすしかなかったからである。

ゲットーとして当時もっとも大きかったのは、フランクフルトのユーデンガッセ（ユダヤ人街）であった。ユダヤ人は姓をつけてはいけないとされていたので、フランクフルトではめいめいの家に紋章をつけ、それを姓の代わりによんでいた。ロートシルト（ロスチャイルド）家、アドラー家、シッフ家といったのちのフランクフルトの富豪の名は、「赤い楯」（ロートシルト）、「ワシ」（アドラー）、「舟」（シッフ）の紋章から来たものである。またユダヤ人は職業を厳重に制限され、農業・工業・手工業を営むことは禁止されていた。それでユダヤ人は、古物商・金貸し・質屋・宝石商・仕立屋・靴屋を営んだ。フランクフルトでは、ユダヤ人が武器・絹・果物などの売買をするのは禁止されていた。また不動産をもつことも許されなかった。結婚も厳重に統制され、結婚は死者の数しか許されなかった。これは、政府がユダヤ人の人口が増加するのを恐れていたためであった。フランクフルトでは、ユダヤ人家族は五〇〇世帯以下、年間の結婚は一二組以下と市条例で定められていた。このように政府や市はユダヤ人にいろいろ制約を加えているくせに、ユダヤ人には重税を課した。当時ドイツはいくつもの小国からなっていたが、国ぐにや都市にユダヤ人が入るたびに、入国税・入市税を取りたてた。ユダヤ人はゲットーの外で店をもつことが許されなかったので、いきおい行商に出ることになった。それでこの入国税はユダヤ人には大きな負担になった。またフランクフルトでは、ユダヤ人だけはマイン河の渡河料を支払わねばならなかった。

しかし一方では、ユダヤ人が隔離されていたことは、ユダヤ人の民族的団結を強め、ユダヤの文化を保存する上に役立った。ゲットーの中には、シナゴーグ（ユダヤ会堂）があり、ユダヤ人の生活の中心である礼拝が行われた。またシナゴーグのなかか、そばに学校があり、そこではヘブライ語が教えられた。この学校は、ユダヤ人の自発的な寄付でまかなわれていた。ゲットーのユダヤ人は、ユダヤ教の礼拝とヘブライ語の修得という二つの手段によって、ユダヤ人としての自覚と連帯意識を強めたのである。とはいうものの、ゲットーに閉じこめられた生活は、彼らの関心を狭いものにしたし、肉体を衰えさせた。身長は低く、猫背になり、性格はおずおずし、神経質になり、ずるい策略を平気でするようになった。また職業の制限のためユダヤ人の経済生活は悪化し、多数の貧民を生むことになった。

ユダヤ人のこの抑圧状態を一挙にくつがえしたのは、ナポレオンであった。ナポレオンの軍隊の進むところ、自由と平等を唱える人権宣言が実施され、ゲットーの門はこわされ、ユダヤ人は解放されていった。ライン地方でもフランス軍の侵入につれてユダヤ人は解放され、一八一一年、フランクフルト市会はドイツではじめてユダヤ人の市民権を認め、ユダヤ人に対する不公平税制を廃止した。これ以後ドイツでは、ユダヤ人に平等な市民権を与えるところが多くなった。これにつれてユダヤ人は商工業のあらゆる分野に進出していった。商業都市フランクフルトには、ロートシルト（ロスチャイルド）ほどの富豪にならないまでも、豊かなユダヤ人商人が多かった。フロムと彼を取り巻いた人びとの父親はみな、こういったユダヤ人商人であった。

フロムは多くの著書をあらわしたが、自分の父親はたいへん神経質であったということと、敬虔なユダヤ教徒であったということしか述べていない。

旧約聖書の影響

フロムは子どものときから旧約聖書の諸篇になれ親しんだ。一二、三歳のころ、彼をとくに感動させたのは、イザヤ・アモス・ホセアによる預言の書であった。それも、貧しい者を搾取してはならないとか、金銀をむやみに蓄えることが人生の目的でないとか、義を求めて悪を求めるなとか、道徳的退廃に陥ってはならないとかいったいましめや、そういういましめに従わないとユダヤ人全体に災禍が見舞うだろうという予言にひかれたのではなく、この「終わりの日」に実現する状態に魅せられたのである。すなわち、

「オオカミは小ヒツジとともに宿り、ヒョウは子ヤギとともに伏し、子ウシ、若ジシ、肥えたる家畜はともにいて、小さい子供がこれを追って行く。牝ウシとクマとはともに草を食べ、その子

テオドール＝ヘルツル

らはともに伏し、シシもウシのようにわらを食う。乳飲み子はコブラの穴の上で戯れ、乳離れした子はマムシの子に手を伸べる。わたしの聖なる山のどこにおいても、これらは害を加えず、そこなわない。主（ヤーウェ、あるいはエホヴァ）を知ることが、海をおおう水のように地を満たすからである」（「イザヤ書」一一の六―九）。

「主は多くの国々の民の間をさばき、遠く離れた強い国々に判決を下す。彼らはその剣をすきに、その槍をかまに打ち直し、国は国に向かって剣を上げず、二度と戦いのことを習わない」（「ミカ書」四の三―四）。

フロムはここに述べられている世界同胞主義と平和主義に感激したのである。彼はこれらの思想に共鳴した理由として、「キリスト教社会に住んでいたユダヤの一少年として、私はユダヤ主義のいざこざに幾度かまきこまれたし、その上その双方に冷淡、排他の感情が存在しているのを見ていた」からと言っている（『疑惑と行動』）だけで、くわしいことはなにも述べていない。

しかしこれは、ユダヤ人問題を根本的に解決するにはパレスチナの地にユダヤ人の国家を建設するしかないというテオドール＝ヘルツルの政治的シオニズム（一八九六年）と、ユダヤ人国家は経済的威力を世界に誇る国家でなく、高い道徳水準をもち、全世界のユダヤ人に精神的自覚と誇りを与える小規模な理想社会であるべきだというアハド＝ハーアムの文化的シオニズム（一八九七年）の対立を指すのではないかと思われる。

若き女流画家の死

一二歳（一九一二年）のころ、彼は一生忘れることができない事件に遭遇した。それは、彼の家と親しくしていた一女流画家に関する事件であった。彼女は二五歳ぐらいで、魅力的で、美しい人であった。彼女は一度婚約したのにそれを解消して、妻をなくして長くやもめ暮らしをしていた父親に寄り添うようにして生きていた。この父親はぱっとしない、とりえのない老人であった。彼女は画を描くことを除くと、父親以外にはなんの関心ももっていなかった。彼女が描いた父の肖像は、実際とは似ても似つかぬものだった。ある日、父親が死んだ直後、彼女は父と一緒に埋葬して欲しいという遺書を残して自殺した。フロム少年は、美しく若い女性が、絵を描いたり、人生を楽しんで生きるより、父と一緒に埋葬されたほうがいいと思うほど、父親を慕うのはなぜだろうかと思った。しかし解答はえられなかった。その後、フロイトの学説を読み、エディプスーコンプレックスというものを知ったとき、これこそ少年期に体験した事件に対する解答だと思った。

第一次世界大戦の勃発

この二年後の一九一四年七月二八日、第一次世界大戦が勃発した。そのときフロムは一四歳であった。この年齢では、戦時の興奮とか、勝利の祝賀とか、知り合いの兵士の悲劇的な死を体験しただけで、戦争自体の非人間性に苦悩することもなかった。ところが事態は一変した。そのきっかけになったのは、教師たちの戦争に対する態度だった。彼の学校のラテン語の教師は戦争が始まる二年まえまでは好んで「平和を欲するなら、戦争の覚悟をせよ」というラテン語の格言を口にしていた。ところが、いざ戦争が始まると、嬉しそうにした。それでフロムは、先生の平和に対する関心がにせものであることを知り、衝撃をうけた。彼は、これまで平和の維持に心を傾けていた人が、一転して戦争を歓迎するのはなぜだろうかと思った。

しかし、これとは違った先生もいた。夏休みまえの英語の時間に、英語の先生がイギリスの国歌を暗誦せよという宿題を出した。そのときは大戦は起こっていなかった。新学期が始まったとき、「憎むべき敵」イギリスという一般にみなぎっていたヒステリックな憎悪に毒されて、生徒たちは、敵国イギリスの国歌を勉強するのは好ましくないと先生に申し出た。これに対して先生は、「冗談じゃない。イギリスはこれまで一度も戦争に負けたことがないんだよ」と皮肉なほほ笑みを浮かべて言った。フロムは、狂気と憎悪の真只中で発せられたこの先生の理性的なことばに深い感銘をうけた。

成長するにつれて、戦争に対するフロムの疑惑は増大した。幾人かのおじやいとこ、それに上級生が戦死した。軍当局の勝利の予想はあてにならないことがわかった。ドイツの新聞はこの戦争のことを近隣諸国がドイツの繁栄をねたんで仕掛けてきた戦争であるとか、この戦争は隷属と圧政の権化ロシア皇帝に対する自由のための戦いであると書いていた。はじめはこのような見解はもっともらしく聞こえた。ところが、そのうち、これに反対する声が耳に入るようになると、彼の信頼はゆらぎ始めた。議会では社会民主党の議員がふえ、戦争予算に反対投票をし、政府に反対する態度を示した。学校では『私は弾劾する』というパンフレットがひそかに回覧された。それには、ドイツ政府は外部から攻撃を仕掛けられた無実な犠牲者ではなく、オーストリアーハンガリーとともに戦争責任があると書かれていた。

しかし戦争は続いた。そのあいだに、彼は子供から大人になった。それとともに、戦争自体に対する疑問が大きくなった。だれも自分は戦争を欲しないと言っているのに、どうして戦争が起こるのか。両陣営とも侵略の意図はなく、自国領土の保全を目的としているにすぎないと言っているのに、戦争が続くのはなぜなのか。わずかの領土と少数の指導者のために、数百万の兵士が虐殺に甘んずるという事態がどうして起こったのか。戦争はなんの意味もない偶発的事件の結果なのか。それとも一定の社会的・政治的発達の結果で、それ自身の法則に従っているのか。

自由ユダヤ学園の設立

一九一八年七月、高校（ギムナジウム）を卒業するや、彼は、なぜ戦争は起こるのか、つまりなぜ人間の集団行動は非合理なのか、を理解したいという思いにかられて、新設されたばかりのフランクフルト大学で社会学と心理学を修めようと決心した。大学で彼はレオ＝レーヴェンタール（ローウェンタール）と知り合い、無二の親友になった。レーヴェンタールは、フランクフルトのユダヤ人の医者の子として生まれ、フロムと同い年で、ユダヤ教に深い関心をもっていた。このように生まれも、境遇も、信仰も同じだったことが二人を近づけたように思われる。

当時フランクフルトにネヘミア＝ノーベルという高名なラビ（ユダヤ教の律法博士）がおり、そのまわりにフランツ＝ローゼンツヴァイク、エルンスト＝ジーモンといったユダヤ知識人が集まっていた。フロムはレーヴェンタールとともにこのグループに入り、そこで旧約聖書やユダヤの伝承について系統的な教育をうけた。

一九六八年、六八歳のときフロムは『汝神のごとくあれ』（邦訳『ヒューマニズムの再発見』）という旧約聖書のすぐれた解説書を書いたが、その序文で彼はつぎのように言っている。

「私は聖書学の分野の専門家ではないが、子供の頃からずっと旧約やタルムードを学んだ関係上、本書は多年にわたる省察の成果である。とはいうものの、私がユダヤ教の偉大なる律法学者たる諸師からヘブライ聖書やのちのユダヤ教伝承について基本的な教えを受けなかったなら、こ

フランツ＝ローゼンツヴァイク

うした聖書の注釈を公刊するつもりはなかったであろう。これらの教師たちは、ユダヤ的伝統のヒューマニズムの一翼を代表する人びとであり、ユダヤ教の厳格な信奉者であった。けれども彼らの間にもかなりの立場の相違があった。その一人、ルードヴィッヒ＝クラウゼは近代思想にわずらわされない伝統主義者であった。他の一人、ネヘミア＝ノーベルは神秘主義者であって、西欧のヒューマニズム思想とともにユダヤ的神秘主義に深く沈潜した人である。第三の人、ザルマン＝B＝ラビンコウはハシド派の伝統に根ざす社会主義者であり、また近代派の学者であった。これらの人びとはそんなにたくさんのものを書き残さなかったが、ナチによる大虐殺以前のドイツではもっともすぐれたタルムード学者として広く知られていた」（飯坂良明訳）。

多くのユダヤ人がキリスト教に改宗したのに、それを断固としてこばみ、ユダヤ教徒として若くして死んだローゼンツヴァイク（一八八六〜一九二九年）は、彼の友人マルチン＝ブーバー（一八七八〜一九六五年）とともに、現代ユダヤ思想家としてもっともすぐれた人であるが、彼は一つの持論をもっていた。彼によると、ドイツ系ユダヤ人はたしかにこれまで加えられていた社会的差別から解放され、基本的人権を獲得した。ところが、このためにかえって、ユダヤ人の生活を律していた律法やシナゴーグ（ユダヤ会堂）におけるユダヤ教の礼拝を失ったし、ユダヤ人の生活態度の源泉であるユダヤ人の家族生活は独自性を失ってしまった。そこで、一人一人のユダヤ人をユダヤ人としての自覚に目ざめさせ、連帯感を生まれさせるため、ユダヤ人の生き方を自由に討論し、ユダヤ人の文化を教える成人教育の場が必要である。

この抱負をいだいて、ローゼンツヴァイクはネヘミア＝ノーベルとともに、一九二〇年秋フランクフルトに「自由ユダヤ学園」を設立した。フロムとレーヴェンタールもこの主張に共鳴し、学園の創立に協力した。

フロムは一九二六年ユダヤ教の信仰を外面的には捨てたが、信心の態度はのちのちまでも強く残り、彼の思想を濃く色どった。彼は親しい人の席ではユダヤの伝統的な歌を好んで歌い、ユダヤのジョークを口にするのを得意にしたという。

ベルリン精神分析研究所に入る

フロムはフランクフルト大学とミュンヘン大学で心理学と社会学を学んでから、ハイデルベルク大学に行き、そこでマックス＝ウェーバーの弟のアルフレート＝ウェーバーについて社会学を修め、一九二二年『ユダヤ教二宗派の社会心理学的研究』という論文で哲学博士の学位をえ、次いで、一九二三年ベルリン精神分析研究所に訓練生として入所した。

ベルリン精神分析研究所の発端は、一九〇八年ベルリン在住の精神分析家と性科学者が集まって作った「フロイト派の夕べ」という非公式の集まりであったといわれる。当初は会員は四人であったが、一九一〇年には九人になり、一九一二年には五人になった。初めからの会員はフロイトの弟子のアブラハム、それに性科学者のブロッホとヒルシフェルトであった。その後カレン＝ホーナイやアイティンゴンが加わった。性科学者が参加していたのは、当時精神分析は性を研究する学問だと考えられていたためであった。一九一八年、ブダペストで国際精神分析学会が開かれたとき、フロイトはつぎのように言った。「神経症は結核のように住民の健康を損うが、今日貧民の神経症患者は放置されている。しかし貧乏人も治療を受ける権利がある。けれども政府がその責任を自覚するにはかなりの歳月がかかるから、人道主義的な、私的な診療所が無料で彼らの治療をしなければならない」と。

第一次世界大戦後ベルリン在住の分析医は、フロイトのこの希望を実現しようと考えた。アイティンゴンは文化大臣の口ききで、六つの部屋のある大きなアパートを借りることができた。しかし部屋はかびくさかったし、診療所として使うのは不便だったので、内部の模様替えをしなければならなかった。その結果五つの診療室、一つの待合室、住みこみ医のための居室が一つできた。一九一九年夏から診療所の組織と運営方法を全員で討論し、翌一九二〇年二月一四日ベルリン精神分析診療所が開所した。運営費はアイティンゴンが出した。診療所はその後政府かベルリン大学からの財政上の援助を再三求めたが、この願いはかなえられなかった。

診療所は貧しい人に精神分析を行う機関であるだけでなく、分析医の養成機関でもあった。ここで編み出された分析医教育のカリキュラム、すなわち教育分析（分析医志望者に先輩分析医が精神分析を行うこと）、教育課程（精神分析理論を教えること）、監督分析（先輩分析医の監督下に患者を分析すること）は、その後各地にできた精神分析研究所で採用されたものである。

当初診療所の常勤者はアイティンゴンとエルンスト＝ジンメルであり、非常勤者は、ホーナイ、リーバーマン、ベーム、ミュラー＝ブラウンシュヴァイク、ザックスであった。また教育担当者は六人で、アブラハムが精神分析理論入門、ジンメルが戦争神経症、アイティンゴンが臨床への精神分析の応用、リーバーマンが強迫神経症、ザックスが夢の理論、ホーナイが精神分析療法の講義をした。しかしその他、客員の講師がときどき他都市から来て、講義をした。

ハンス＝ザックス

一九二一年の春、フランツ＝アレキサンダーが分析を完了して、最初の卒業生として巣立って行った。最初の二年間に分析を完了した者は二五人であったといわれる。一九二三年三月、診療所は、ベルリン精神分析研究所と名前を変えた。フロムが入所したのは、このときであった。彼はザックスに教育分析をうけ、一九二四年分析を終了し、一九二六年から自分でも患者に精神分析療法を行った。彼は後年になってからも、患者とのこの接触は、自分の思弁的研究にはかり知れないほどの刺激を与えたと言った。

フロム＝ライヒマンとの結婚　一九二六年六月一六日フロムは、同じ研究所にいたフリーダ＝ライヒマンと結婚した（彼女は結婚してからも旧姓を落とさず、フリーダ＝フロム＝ライヒマンといっていた）。

フロム＝ライヒマンは、一八九〇年ケーニヒスベルク（現在ソ連領カリーニングラード）に生まれ、同地の大学で精神科を修めてから、第一次世界大戦中フランクフルト大学のゴールドシュタインとともに頭部戦傷患者の研究を行い、のちドレスデンの精神病院で働き、一九二〇年代のはじめベルリンに来てシュルツェ（自律訓練法の創始者）のもとで勉強し、フロムと前後してベルリン精神分析研究所に入った。二人は結婚後ハイデルベルクに行き、彼女は同地で精神病院を開いた。

一九二六年四月、南西ドイツの精神療法家が集まって一般医学的精神療法協会という会を作った。ベルリン精神分析研究所からはホーナイとジンメルが参加したが、フロムもまたこれに参加した。一九二七年ごろ、この会に加入しているハイデルベルク在住の精神分析医が、不定期にフロムの家に集まって研究会を開いた。これが南西ドイツ精神分析研究グループといわれたものである。このグループの会員にランダウアーという人がいた。一九二八年、フランクフルト社会研究所の所員ホルクハイマーは、個人的に精神分析に興味をもっていたためと、準備したノートなしに講義ができないという悩みを解決してもらうため、ランダウアーに精神分析をうけた。一年の分析でこの悩みは解決された。このとき彼は、ランダウアーにフランクフルトに精神分析研究所を作るようすすめた。こうして一九二九年二月一六日にフランクフルト精神分析研究所が開所した。この研究所は、間接的であれ、ドイツの大学と結びついた最初の精神分析研究所になった。フロイトもホルクハイマーにあてて、感謝を示す手紙を二通書いた。この研究所はまた、フランクフルト社会研究所ともゆるい関係をもち、社会研究所の「客員研究所」とよばれていた。

フリーダ＝フロム＝ライヒマン

　精神分析研究所の所長にはランダウアーがなった。ランダウアーは所員として、メンクとフロム夫妻をよんだ。ところが社会研究所には、フロムの十年来の友人であるレーヴェンタールがいた。この関係で、フロムは社会研究所の所員もかねることになり、やがて社会研究所のもっとも重要なメンバーになった。ここで、フロムの才能を開花させるきっかけになったフランクフルト社会研究所のことを述べておかなければならない。

フェリックス＝ワイルの抱負　第一次世界大戦が終わったころ、フランクフルトにフェリックス＝ワイルという人がいた。彼は、一八九〇年ごろドイツを去ってアルゼンチンに行き、ヨーロッパに穀物を輸出して産をなしたヘルマン＝ワイルの一人息子であった。フェリックスは一八九八年ブエノスアイレスに生まれ、九歳のときフランクフルトに帰され、そこのギムナジウム（高校）をおえてから、一九一四年新設されたばかりのフランクフルト大学に入り、ついで一九一八年チュービンゲン大学で学び、カール＝コルシュの影響でマルクス主義に共鳴するようになった。そこで彼は、父と母から相続した財産を使って急進的な冒険をしようと決心した。

彼はマルクス主義のいろいろな派も徹底的に討論すれば、真のマルクス主義に達するであろうと考え、その機会を作ることにした。こうして彼は、一九二二年の夏チューリンゲンのイルメナウに若手マルクス主義者を一週間集め、討論させることにした。これが「第一回マルクス主義研究週間」といわれたもので、集まった人のなかには、ルカーチ・ポロック・ウイットフォーゲル・コルシュ・ゾルゲらがいた。これらの人はみな、のちにマルクス主義者として有名になった。

ワイルは、この会を主催してから、このような短期間の会ではなく、もっと恒久的な研究所を作りたいと考え、親友のポロックに相談した。

ポロックは、フランクフルトの裕福なユダヤ人実業家の息子に生まれ、ミュンヘン、フライブルク、フランクフルトの諸大学で経済学と政治学を学んだ博士であった。このポロックの親友にさきに挙げたホルクハイマーがいた。ホルクハイマーはポロックより一歳下で、一八九五年シュットガルトの裕福なユダヤ人実業家の息子として生まれ、父のあとを継ぐためポロックと一緒に、ブリュッセルとロンドンで商人としての訓練を受けた。しかし第一次世界大戦に従軍して除隊後、フランクフルト大学に入り、はじめゲシュタルト心理学者ゲルプのもとで心理学を修めたが、彼がしていたのと同じ研究が他の大学でなされているのを知って、哲学に転じ、カントを勉強して、学位をえた。

フランクフルト社会研究所の設立　ホルクハイマーはポロックから、マルクス主義の研究所を作りたいというワイルの話を聞いて、一も二もなく賛成した。そこでフェリックス＝ワイルは、父のヘルマンに、労働運動史とか反ユダヤ主義といったドイツの大学では無視されている問題を研究する研究所を作りたいから金を出して欲しいと持ちかけ、一二万マルク（一九七〇年度の一二万ドル）を出させることに成功した。

研究所の名称ははじめ「マルクス主義研究所」にしようという考えがあったが、それは刺激的すぎるというので捨てられた。また贈与者を記念して「フェリックス＝ワイル社会研究所」にしたいという考えもあったが、ワイルがそれを断わった。そこで名称は単に「社会研究所」にすることに決まった。ワイルらは、この研究所を知的にも、財政的にも独立したものにしたいと思っていたが慎重に考えたあげく、フランクフルト大学となんらかの提携を求めることにし、研究所の所長だけは政府から給与をうける正教授にしてくれと文部省にかけ合った（ドイツの大学はすべて国立である）。交渉は成功し、研究所は一九二三年二月三日文部省令により設立されることに決まった。

初代所長には、キール大学やアーヘン工科大学の経済学教授を歴任したクルト＝ゲルラッハが着任することに内定していたが、彼が一九二二年一〇月三六歳の若さで糖尿病性昏睡で死んだため、代わりにウィーン大学教授カール＝グリュンベルクが招かれることになった。彼は公然たるマルクス主義者で、労働運動史を専門にし、一九一〇年以来グリュンベルクのアルヒーフ（雑誌）と略称されている『社会主義史および労働運動雑誌』を編集していた。こうしてグリュンベルクは、ドイツの大学で教授職についた最初のマルクス主義者になった。

一九二四年六月、ワイルの寄贈になる五階建の建物が落成し、六月二二日開所式が行われた。このときグリュンベルクは、ドイツの大学は体制に奉仕するマンダリン（テクノクラート、専門知識をもった人）を養成する訓練学校であるが、この研究所は純粋な学問研究を行うアカデミーであること、所員の独立は確保されるが、研究所の資金の配分とエネルギーの集中は独裁的な所長の手によ

國際諜報團檢擧さる
内外人五名が首魁

【司法省十六日午後五時發表】昭和十六年十月以降東京刑事地方裁判所檢事局において國防保安法、治安維持法等違反事件として取調中なりしリヒアルト・ゾルゲ等に係るいはゆる國際諜報團事件はこのほど主要關係者に對する取調べ一段落を告げ本日その中心分子たる

(住所)東京市麻布區永坂町三十番地、フランクフルター・ツアイツング社日本特派員 リヒアルト・ゾルゲ(四七)

(住所)東京市牛込區左内町二十二番地、アバス通信社通信補助員 ブランコ・ド・ヴーケリッチ(三八)

(本籍)沖縄縣國頭郡名護町大字名護百七十五番地(住所)東京市麻布區龍土町二十八番地岡井安正方、畫家 宮城與德(四〇)

(本籍)東京市小石川區西原町二丁目四十番地(住所)同市目黒區上目黒五丁目二千四百三十五番地、元滿鐵囑託 尾崎秀實(四二)

(住所)東京市麻布區廣尾町二番地、青寫眞複寫機製造業 …

成し…尾崎秀實、マックス・クラウゼン等をその中心分子に獲得加入せしめ、その機構を強化確立したる内外人共産主義者より成る秘密諜報團體にして十數名の内外人を使用し結成以來檢擧に至るまで長年月に亙り、合法を假裝し巧妙なる手段により、我國情に關する秘密事項を含む多數の情報を入手し、通信連絡その他の方法によりこれを漏報しゐたるものなるが、主要中心分子の略歴および諜報團體の活動概況左の如し

主要中心人物の略歴

(イ)リヒアルト・ゾルゲ 旧露國コーカサス州バクーにおいて出生したる獨逸國人にして、ベルリン所在の高等學校在學中、第一次歐州大戰に際し一兵士として志願出征し、その後ハンブルグ大學を卒業し國家學博士の稱號を付與せられたるが、その間共産主義を信奉するに至り、獨逸共産黨の結成を見るや間もなくこれに加入し、大正十四年一月同黨代表としてコミンテルン本部に派遣せられ同本部の情報局員となりスカ…ルター・ツアイツング社の特派員となりたるもの

(ロ)ブランコ・ド・ヴーケリッチ 旧墺國領オスイエツク市において出生したるクロアチア國人にして旧ユーゴースラビヤ國ザグレブ市所在の高等學校、美術專門學校および高等工業學校等に學びたるのちパリ大學法科を卒業したるが、ザグレブ市在住當時より共産主義を信奉し左翼學生運動および工場勞働者に對する宣傳および煽動活動等に從事…

多數の内外人共産主義者と親交を重ね漸次その間に…を加へ同地の左翼活動を指導援助中、昭和五年ゾルゲと相識り直に同人の主宰する在支諜報團に加入し、その有力なる一員となり諸般の事項に關し活潑なる諜報活動を遂行し、昭和七年大阪本社に轉じたるため後任者を推薦して歸朝しゾルゲとの連絡一時中斷したるも昭和九年六月宮城與德を介し再び連絡を生ずるに至りたるものにして、上海在勤…

本諜報團の… 昭和八年九月、…くコミンテルン…來朝するや直ちに…色諜報組織の結…既に同様の指令…るヴーケリッチ等…結成を遂げ自ら主…が、間もなく同年…米コミンテルン本…示せられゐたる宮…のころ既に同様の…朝しゐたる宮城と…り、尋で在支諜報…協力者として其の…てゐたる尾崎との…し漸く昭和九年六…より尾崎と會し…

リヒアルト＝ゾルゲ

ゾルゲ等の検挙を報ずる
1942年5月17日の「朝日新聞」

って行われること、マルクス主義が指導原理になること、を強調した。所員にはホルクハイマー・ポロック・ウィットフォーゲル・ボルケナウ・グロスマン・ゾルゲ等がいた。上記の人びとのうち、ウィットフォーゲルは、第二次世界大戦前の日本では中国研究家として、その名をよく知られていた。またゾルゲは、研究所にしばらくいてからモスクワの赤軍諜報機関に入り、一九三三年(昭和八年)九月来日し、日本で諜報活動を

行い、一九四一年（昭和一六年）一〇月逮捕され、その三年後に死刑に処せられた、いわゆる「ゾルゲ事件」の首謀者である。

この時期の研究所の傾向は、古典的・伝統的なマルクス主義であった。これはリャザノフが主宰していたモスクワの「マルクス・エンゲルス研究所」との緊密な提携にもあらわれていた。研究所は未公刊のマルクスとエンゲルスの草稿を写真で複写してモスクワに送った。これはアドラッキーによって編集された『マルクス・エンゲルス全集』（MEGA、メガといわれる）に収録された。

フランクフルト学派の成立　一九二九年、六九歳のグリュンベルクは健康上の理由から所長を辞任し、一九三〇年六月、三五歳のホルクハイマーが所長の席についた。一九三一年一月、彼は所長就任にあたって、研究所はこれからは、哲学的・理論的な研究とアンケート調査を含む実証的・経験的な研究を統合することと、学際的な研究を促進すること、つまり「現実的な哲学的問題を決め、それを哲学者・社会学者・経済学者・心理学者が共同研究すること」を強調した。

こうして研究所は、ホルクハイマーの所長就任とともにグリュンベルク時代と違った色彩が強くなった。とくに違った点は、精神分析が取り入れられたことであった。これが、この学派――のちにフランクフルト学派といわれた――の大きな特徴になった。またこれまで発刊されていた『社会主義史および労働運動雑誌』が廃刊され、あらたに『社会研究雑誌』が刊行された。

フロムが社会研究所に招かれたのは、レーヴェンタールの友人であることの他に、研究所の新しい方針を実行するには、社会学と精神分析を修めたフロムのような人物が必要だったためと考えられる。

フロムは一九三〇年「キリスト教の教義の変遷」を精神分析関係の雑誌『イマゴー』に発表し、ついで一九三二年研究所の機関誌『社会研究雑誌』に「分析的社会心理学の方法と課題」および「精神分析的性格学とその社会心理学との関係」を発表し、精神分析とマルクス主義の統合を試みた。

ナチズムの台頭

ホルクハイマーが所長になる前年の一九二九年一〇月二四日、アメリカのウォール街に始まった経済恐慌は、世界貿易を不振におちいらせた。この結果、輸出にたよっていたドイツ経済は破綻におちいった。失業者数は一九三〇年一月一五〇万人、同二月二五〇万人、一九三二年なかばには六〇〇万人に達し、中小企業の倒産は激増した。一九三〇年七月議会が解散され、九月一四日選挙が行われた。その結果、国家社会主義労働党（ナチ）は六四〇万票、一〇七議席をえ、社会民主党についで第二党に躍進した（第三党は共産党、七七議席）。これは、前回の選挙（一九二八年五月）で、八一万票、一二議席をえたときと比べると、得票数で八倍、議席数で一〇倍の増加であった。ナチのこの台頭は、ドイツの前途に無気味なものを感じさせた。

そこでホルクハイマー所長は、将来亡命せざるをえなくなることを見越して、研究所の基金をひそかにオランダに移し、また国際労働機関（ＩＬＯ）の事務局長アルバート＝トーマスの提案を受け入れて、ジュネーブに研究所の支所を設けることにした。これは名目は資料を収集するということにあったが、実際は当座の亡命先であった。

一九三二年三月一一日、ドイツ共和国大統領選挙が行われた。このときナチ党首ヒトラーは立候補し、前大統領ヒンデンブルク他二名と争って二位を得たが、ヒンデンブルク・ヒトラー他一名とも、過半数に達しなかったので、同年四月一〇日決戦投票が行われた。このときヒンデンブルクが一、九三五万票（五三％）、ヒトラー一、三四一万票（三六％）をえ、ヒンデンブルクが大統領に決定した。しかしこれ以後ドイツの政情は不安定になり、物情は騒然となった。年表的に書くとつぎのようになる。

一九三二年四月一四日　ナチのクーデター計画発覚。ブリューニング首相（カトリック中央党首）、ヒトラーの私兵突撃隊（Ｓ・Ａ）の解散を命ず。

五月二九日　ヒンデンブルク大統領、ブリューニング首相を解任す。

六月一日　パーペン（カトリック中央党員）を首相に任命。

六月一五日　パーペン首相、突撃隊解散令を撤回。これ以後七月なかばまで、突撃隊の共産党員・

ヒンデンブルク大統領(右)，ヒトラーを首相に任命(1933年)

労働者に対するテロ行為頻発し、内戦状態になる。
　七月二〇日　ベルリンに戒厳令が布かれる。
　七月三一日　総選挙。ナチ二三〇、社会民主党一三三、共産党八九、カトリック中央党七三、ドイツ国民党七三議席。ナチ第一党になる。ヒトラー、首相の地位要求、大統領拒否。
　九月一二日　内閣不信任案成立。
　一一月六日　総選挙。ナチ一九六、社会民主党一二一、共産党一〇〇、カトリック中央党七〇、ドイツ国民党五二。ヒトラー再度首相の地位要求、大統領拒否。
　一二月二日　大統領、パーペンを解任し、側近のシュライハー陸軍中将を首相に任命。

一九三三年一月二八日　シュライハー内閣総辞職。

一月三〇日　大統領、ヒトラーを首相に任命。

二月二四日　ナチ党員ゲーリング内相、共産党本部の家宅捜索を命ず。共産党員の亡命始まる。

二月二七日　国会議事堂炎上。

二月二八日　ヒトラー内閣、言論・集会・結社の自由を停止す。共産党、社会民主党の機関紙発行を停止し、同党員を逮捕す。

三月五日　総選挙。ナチ二八八、社会民主党八四、共産党八一議席。これは最後の選挙になった。

三月一六日　共産党議員全員逮捕。

三月二三日　議会、ヒトラーに独裁権を与える。ワイマール共和国の終わり。

社会研究所の閉鎖　ナチが第一党になるや、ほとんどの所員がユダヤ人である社会研究所の前途は暗澹《あんたん》たるものになった。所長のホルクハイマーは、一九三二年ほとんどジュネーブで暮らしたが、翌年一月フランクフルトに帰り、自宅を引き払って、フランクフルト駅近くのホテルに妻とともに住んだ。三月、社会研究所が「国家に対する敵性」のゆえをもって閉鎖されようとしたとき、彼はスイス国境を通り抜け、ジュネーブに亡命した。四月七日「職業官吏制復活法」が公布され、ユダヤ人官吏の解雇が定められた。四月一三日ホルクハイマーは、神学者パウル＝ティリッヒ、社会学者カール＝マンハイムらの教授とともに、フランクフルト大学から公式に解任された。また研究所の蔵書六万冊は押収された。こうしてフランクフルト社会研究所は閉鎖され、所員はばらばらになった。

カレン＝ホーナイの助力　これより前の一九三〇年ワシントンで国際精神衛生会議が開かれ、ドイツからアレクサンダー・ドイッチュ・ホーナイ・ランクら九人の精神分析家が招かれた（ホーナイは都合によって欠席した）。このときアレクサンダーは、サリヴァンからシカゴに精神分析研究所を作るようにすすめられた。この研究所は迂余曲折ののち、一九三二年設立された。しかし彼は一人では手薄だと考えたので、ドイッチュをよぼうとした。しかし彼女が断ったので、ホーナイをよんだ。ホーナイは一九三二年九月ナチ政権樹立のまえに、三年の契約で渡米した。

カレン＝ホーナイはフロムより一五歳年上で、今世紀の初頭フライブルク・ゲッティンゲン・ベルリンの諸大学で医学を修めた、ドイツの女医の草わけであった。のちに、さきにも述べたように、精神分析の草創期の一九一二年に早くも精神分析医になり、ベルリン精神分析診療所の開設に協力して、そこの教師になり、フロムらに精神分析療法の講義をした。彼女はフロムをかわいがっ

カレン＝ホーナイ

ていたが、フロムもまた彼女を母のようにしたっていたといわれる。一九二八年三月、フロムはベルリン精神分析研究所の会合で「下層中産階級の精神分析」という講演をしたが、これはホーナイの推挙によるものであった。ホーナイは一九三三年の夏休み、娘（一人は女優、もう一人はベルリン大学医学部の学生）に会うためベルリンに帰り、ヒトラー政権下の精神分析医の苦境をつぶさに見て、ドイツにいや気がさし、アメリカに定住する決心をした（彼女はユダヤ人ではなかった）。このときホーナイはおそらくフロムに会い、フロムがアメリカに亡命し、シカゴ精神分析研究所で働けるように奔走したのであろう。フロムは、一九三三年九月シカゴに着き、シカゴ精神分析研究所で客員講師として働いた。フロムのように、この頃大陸から離れた人は助かったが、彼の上司ランダウアーは逃げおくれて、ナチにつかまり、ベルゼンの強制収容所に投げ込まれて殺された。没年すらわからない。

社会調査研究所の設立　一方フランクフルトを追われた社会研究所は、一九三三年二月からジュネーブで活躍を始めた。同年パリとロンドンにも、ささやかな支所ができた。

一九三三年五月ファシズムはスイスでも勢力をふるい、安住の地ではなくなった。そこでイギリスに亡命することが考えられた。しかしイギリスではドイツからの亡命者があふれ、そこで職をうることはむずかしかった。彼らはマルクス主義者であったが、ソ連に亡命する気はなかった。古くからのドイツ共産党員であったウイットフォーゲルもそうであった。残るはアメリカだけだった。一九三四年五月ホルクハイマーはアメリカに行き、コロンビア大学学長ニコラス＝バトラーに面会した。バトラーは社会研究所のために大学の建物の一部を提供すると申し出た。こうして一九二〇年代にフランクフルトに出現したマルクス主義的な社会研究所は資本主義の牙城ニューヨークに、コロンビア大学社会調査研究所と名前を変えてよみがえることになった。フランクフルト時代の所員も新しい研究所に、海を越えてやって来た。フロムもシカゴからニューヨークに移り、新しい研究所に勤めた。

ところで、研究所の機関誌『社会研究雑誌』ははじめライプチヒのヒルシフェルト書店から刊行されていたが、ナチ政権樹立後はドイツで出版できなくなったので、一九三三年九月からフランスの有力出版社フェリックス－アルカン社（現在のPUF、フランス大学出版社）からドイツ語で刊行された。この状態は、研究所がニューヨークに移ってからも、一九三九年まで続いた。フロムをはじめとして研究所の全員がドイツ語で論文を発表したのは、ドイツはナチ一色でないことを示すレジスタンスであったのと同時に、自分たちは過去のドイツ－ヒューマニズムと、ナチ以後に生まれるであろうドイツ文化の架け橋になろうという抱負からであった。

新フロイト派の発端

フロムは一九三四年「母権理論とその社会心理学との関連」、翌三五年「精神分析療法の社会的制約性」を『社会研究雑誌』に発表し、フロイトの精神分析に対する反対を表明した。しかしこれは、ホルクハイマーをはじめとする社会調査研究所の人たちとの意見の相違を鮮明にすることになった。一九三七年研究所全員の五年にわたる共同研究『権威と家族に関する研究』が刊行された。

フロムはこれに執筆したが、その後フロムと研究所との関係は次第に疎遠になり、一九三九年彼は正式に研究所から離れた。そして一九四一年一二月、第二次世界大戦が始まる直前、彼の名を不朽にした『自由からの逃走』を出版した。

ところで、一九三二年以降シカゴ精神分析研究所で精神分析を教えていたホーナイは、やがて所長のアレクサンダーと意見の対立を来たした。一九三四年八月ホーナイはここをやめ、ニューヨーク精神分析研究所に移った。彼女はニューヨークに移るや毎週月曜日の夜、サリヴァン・シルバーバーク・クララ＝トンプソンの三人と私的な会合をもった。この会は、サリヴァンによって「十二宮クラブ」と名づけられ、ホーナイが水牛、サリヴァンが馬、シルバーバークがカモシカ、トンプソンが猫になぞらえられた。やがてフロムがこの会合にときどき姿を見せるようになった。彼らは、正統的な精神分析にあきたらず、精神分析を対人関係の力動(ダイナミズム)から解釈し直そうとしていた。これがのちに「新フロイト派」とよばれた一派の起こりである。

一九四一年五月、ニューヨーク精神分析研究所に所属していた正統的な精神分析医は、ホーナイらの新しい考え方は、正統でも、古典的でもなく、かたよっていると唱え、ホーナイをボイコットした。そこで、ホーナイは、シルバーバーク・トンプソンらとともにニューヨーク精神分析研究所をやめ、アメリカ精神分析振興協会と、分析医養成機関としてアメリカ精神分析研究所を設立した。フロムもこれに参加した。

ハリー＝スタック＝サリヴァン

ホワイト研究所の設立　この組織は最初の一年半はうまく行っていたが、やがてフロムとホーナイの間に対立が生まれた。これは、『自由からの逃走』の著者としてフロムの名声は高く、学生を大いに引きつけたので、ホーナイが危機感、あるいは嫉妬を感じたため

ホワイト研究所におけるフロム

と、非医者の分析家《レイ・アナリスト》（フロムはそうであった）が患者の治療をするのは違法だという精神分析界でときどきわき起こる反感がふたたび燃え上がったためであった。一九四三年秋、フロムとホーナイの対立は激しくなり、フロムはトンプソン（彼女は、アメリカの名門医科大学ジョーンズ＝ホプキンス大学を卒業した医者であった）とともにアメリカ精神分析研究所をやめ、サリヴァン、トンプソン、妻のフロム＝ライヒマンとともに、ウィリアム＝アランソン＝ホワイト精神医学研究所を設立した。『忘れられた言語』（邦訳『夢の精神分析』一九五一年）は、この研究所における講義である。

メキシコへの移住

一九四四年フロムは、フロム＝ライヒマンと離婚し、同年七月二四日ヘニー＝ガーランドと結婚した。フロムははじめはアメリカ精神分析研究所、のちにはホワイト精神医学研究所と関係するかたわら、一九四一年以来、バーモント州のベニントン＝カレッジの教授を勤めていた。しかしのちにニューヨークを引き払い、ベニントンに家を建て、そこに居を定めた。ところが彼の新しい妻がおもい関節炎にかかり歩けなくなるや、妻の健康を思って、暖かく乾燥した土地に移る決心をし、一九四九年メキシコに移住し、一九五二年メキシコ国立大学医学部の精神分析の教授になった。しかし転地のかいもなく、妻の病状は悪化し、妻は翌年に死んだ。

一九五三年一二月一八日、フロムは三度目の妻アニス＝フリーマンと結婚した。クララ＝トンプソンはフロムに、ニューヨークに帰って来るように再三手紙を出したが、フロムはメキシコシティの熱烈な歓迎に感激して、帰って来なかった。ただ一年に一度、一、二か月ホワイト精神医学研究所で集中講義をするため、ニューヨークにやって来た。

このメキシコ時代に、彼はつぎつぎ著書を著した。すなわち、一九五五年『正気の社会』、一九五六年『愛する技術』（邦訳『愛するということ』）、一九五九年『フロイトの使命』、一九六〇年『禅と精神分析』、一九六一年『人間は栄ゆるべきか』（邦訳『人間の勝利を求めて』）および『マルクスの人間観』、一九六二年『幻想の鎖を越えて』（邦訳『疑惑と行動』）、一九六四年『人間の心』（邦訳『悪について』）等を刊行した。一九六五年、フロムはメキシコ国立大学を定年退職した。

大統領選挙運動支援

一九六七年一一月三〇日、ミネソタ州選出民主党議員ユージン＝ジョセフ＝マッカーシーは、ジョンソン大統領のベトナム政策に反対する声明を出した（このマッカーシーは、「赤狩り」で知られるジョセフ＝レイモンド＝マッカーシー〈一九〇九〜一九五七〉とは別人）。フロムは彼の意見に共鳴し、彼に共鳴する多くの人たちとともに、彼を予備選挙に当選させるために奔走した。ところが一九六八年三月三一日、ジョンソン大統領は次回大統領選挙への不出馬を表明し、北爆（北ベトナムへの空襲）の停止、ベトナムとの和平交渉といったマッカーシーの提案に近いことを実行に移したため、彼の選挙運動は打撃を受けた。六月五日彼の強力な競争相手ロバート＝ケネディが、カリフォルニア州予備選挙直後暗殺された。マッカーシー支持の若者や知識人はこの事件で結束をかためたが結局、マッカーシーは副大統領のハンフリーに破れ、ハンフリーが民主党の大統領候補者に指名された（その年の大統領選挙でハンフリーはニクソンに破れた）。

敗れたとはいえ、マッカーシーは若者や子供たちからも大きな支持を受けたという点で、彼の立候補はアメリカの選挙運動史上特筆すべきものになった。フロムは同年『希望の革命』を書き、そのなかで「アメリカの生活における新しい方向を求める勢力の新しい支持者の層がすでにできている。それは一つの政党や社会階層や年齢層にかぎられないで、保守派から急進派に及ぶアメリカ国民の大きな部分を含んでおり、まさにそのために潜在力として非常に大きな勢力をもっている」と

▲ユージン＝マッカーシー

◀マッカーシーを支持する子どもたち
（大統領選挙運動で）

「希望」を表明した。

　しかしこの「希望」にもかかわらず、現実は暴力にみちていた。ケネディ兄弟の暗殺、ベトナム戦争の続行、少年犯罪の暴力化傾向は、フロムの心を暗くした。さらに、フロムは人間を楽天的に見すぎているという古い同僚マルクーゼの批判があった。これがきっかけになって、フロムは晩年人間の攻撃性・破壊性の問題に取り組み、一九七三年『人間の破壊性の解剖』（邦訳『破壊』）を刊行した。これが、彼の最後の著書になった。

　フロムは、一九八〇年三月一八

日、スイスのロカルノに近いマジョーレ湖畔の町ムラルトで心臓発作で亡くなった。八〇歳の誕生日を迎える五日まえであった。

Ⅱ

精神分析とマルクス主義の統合

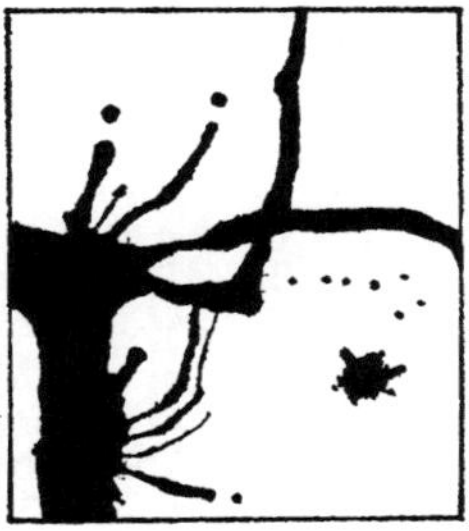

分析的社会心理学

マルクスとフロイト　ドイツ革命（一九一八年一一月三日のキール軍港における水兵の反乱から翌年一月のスパルタクス団の武装蜂起まで）のさなかに大学に入り、政治に強い関心をもっていたフロムが、マルクス主義から強い影響をうけたことは、想像にかたくない。さらに彼が学んだベルリン精神分析研究所には、左翼的心情の持主が少なくなかった。一九二六年初代所長アブラハムの死後、二代所長になったエルンスト＝ジンメルは、マルクス主義者として知られ、社会主義医師協会の会長でもあった。また所員ジークフリート＝ベルンフェルトもマルクス主義者であった。研究所の教師と訓練生は、一日の授業が終わってから、カフェーグローセンワーン（誇大妄想カフェ）で一杯のコーヒーを飲みながら、教室ではしゃべれないよもやまの話をするしきたりがあった。このとき、マルクスとフロイトを統合する試みが熱心に論じられたという。フロムもそういう話を熱心に聞き、論じた一人であったにちがいない。

マルクスとエンゲルスによると、イデオロギー的上部構造は経済的下部構造に依存する、あるいはイデオロギーは物質的土台が人間の頭脳に反映したものである。しかしマルクスとエンゲルスは、それがどういうふうに反映するかを述べなかった。たとえば、フランツ＝メーリングが『ドイツ社会民主党史』（一八九七年）のなかで発表した、メーリング宛の一八九三年七月一四日付のエンゲルスの手紙には、つぎのように書かれている。

「われわれはみなはじめは、経済的な基礎事実から、政治的・法律的、およびその他のイデオロギー的観念や、これらの観念によって媒介される行為をみちびき出すことに重点をおきました。しかし、おかねばなりませんでした。その場合、われわれは内容的な面に気をとられて、形式的な面――これらの観念が生まれる仕方――をおろそかにしました」。

フロムは、エンゲルスが「おろそかにしたこと」を解明するものこそ、精神分析だと考えた。彼がフランクフルト社会研究所時代に発表した論文はすべて、この問題の解明に捧げられている。ホルクハイマーが所長になってからの社会研究所は、マルクス主義と精神分析の統合を重視していたから、この問題を解くことは研究所の方針にもかなっていた。

このような試みの最初のものが、精神分析界の有名な雑誌『イマゴー』に、一九三〇年掲載された「キリスト教の教義の変遷」である。この論文は、ユダヤ－キリスト教についての該博な知識を駆使して自説を裏づけるという彼の特徴が遺憾なく発揮された論文である。

パレスチナの三つの階級　イエス誕生のころパレスチナはローマ帝国の属領で、ヘロデがユダヤ王であった。彼は冷酷・残忍で、猜疑心が強く、自分の妻や子供たちをも殺した。しかし彼は有能な支配者で、彼の統治は成功し、長い間平和が続いた。租税は重かったが、国の富と人口は増し、地中海沿岸の港は発展し、西方世界との貿易はさかんになり、またエルサレムには立派な宮殿が建てられた。しかし貿易の発達は富裕な階級を富ましたが、大衆の利益にはならず、下属階級は増加した。また地方の住民は重税に苦しみ、負債のために奴隷になるか、あるいはエルサレムに流れこんで下層階級になった。この上層階級と下層階級の中間に、中産階級があった。彼らはローマから圧迫されていたが、経済的に安定していた。これら三つの階級に対応して、宗教的・政治的な集団があった。すなわち、サドカイ派・パリサイ派・アムーハーレツである。

サドカイ派（ツァディキーム、正義の人）は祭司ツァドクから来た名前で、富裕な上層階級を代表していた。彼らはエホバ（ヤーウェ）の礼拝を守りながら、ギリシア哲学を受け入れ、宗教的には寛容であった。これに反して、パリサイ派（ペルーシーム）は分離派ともよばれ、モーセの律法の厳格な実践に熱中し、狂信的であり、古風な偏見と迷信を護持し、非寛容で、外国のものやあらゆる改革に反対した。これは中産階級によって代表され、けちけちした生活をし、すべての出来事を運命と考えていた。最下層のアムーハーレツは失うべきものはなにもないプロレタリアであった。彼らもパリサイ派を憎み、パリサイ派も彼らを憎んでいた。『タルムード』には、「彼は、アム－ハーレツの無知な人間の娘とは結婚しない。なぜなら、彼女はきらわれ者だからだ」と書かれている。

ローマ帝国への反抗　しかしローマの圧迫が強くなるにつれて、パリサイ派のなかにも上層と下層のあいだに分裂が生じ、ヘロデ王の死（紀元前四年）の直前と直後に、下層の者はローマ人と上層階級に対して反乱を起こした。紀元四年ローマはこのような反乱分子二千名をはりつけにした。また紀元六年ユダヤ王が廃止され、パレスチナがローマの直轄地になったときにも、暴動が起こった。このときパリサイ派の中産階級はローマと妥協しようとしたが、下層階級は熱心党（ゼーロータイ）を組織し、ローマと同調する者や金持たちを殺害して回った。以来、ローマ人がカエサルの肖像やローマのワシの紋章をエルサレムの神殿にかかげようとするたびに、小規模な暴動が起こった。ついに紀元六六年、ローマに対する民衆の一大反乱が起こった。最初戦いは中産階級と下層階級に支持されていたが、敗色が濃くなるにつれて中産階級はローマと和睦するのが得策と考えた。パリサイ派の指導者ヨカナン＝ベン＝ザッカイはローマに降伏したが、百姓や職人は以後五か月にわたってローマ軍と戦い、敗れ、一〇万人のユダヤ人が殺された。

このように政治的・現実的な改革の希望が挫折するにつれて、この希望の表現は幻想的なものになって行った。それは、熱心党の武力闘争と同じく、下層階

集団幻想の発生

級の社会的・経済的絶望から生まれたのである。この幻想の一つは、この世がまだ経験したことがないような苦難のときがやって来るが、この終わりの日に大きな栄光と輝きのうちに人の子が裁きのために雲に乗ってやってくるというものであり、もう一つは、金持は裁きの日にその富から引き離されるであろうというものであった。これは精神分析学的には、自分たちを助けてくれるよき父に対する期待と、自分たちを圧迫し、苦しめる悪しき父（つまり現在の権力者）に対する憎しみを示している。

このようなメシア（救世主）思想は、黙示文学（ダニエル書、エノク書等）としてもあらわれたが、バプテスマのヨハネやイエスの説教としてもあらわれた。すなわち、ヨハネは「悔い改めよ、天国は近づいた」（マタイ三の二）と説き、イエスは「神の国は近づいた」（マタイ一〇の七）と説いた。イエスは「あなたがた貧しい人たちは幸いだ。神の国はあなたのものだからだ。あなたがた飢えている人たちは幸いだ。やがて飽き足りるようになるからだ。今満腹している人たちはあわれだ。今に飢えるようになるからだ」（ルカ六の二〇・二一・二五）と言い、「金持が神の国に入るより、ラクダが針の穴を通るほうがやさしい」（ルカ一八の二五）と説いた。つまり現実でみたされなかった彼らの願望――支配者の没落と自分たちの支配――が、この幻想のなかではみたされている。

イエスをめぐる「養子論」と「同質論」

では、初代キリスト者は、父なる神とイエスの関係をどう考えたか。それは、「神はイエスを、主ともキリストともされた」（使徒二の三六）という考えである。これは「養子論」として知られている。つまりイエスははじめから神の子であったのではなく、神の意志によって神の子とされたというのである。イエスが行った数々の奇蹟も、イエスが奇蹟を行ったのではなく、神がイエスを通じて行ったのだとされた。要するに、初代キリスト教集団では、イエスは死後において裁きを行い、苦しんでいる者に幸福をもたらし、支配者を罰するためにもどってくる、神にもちあげられた人の子であった。ではなぜ、この「養子論」が当時の人びとの心をとらえたのだろうか。

救世主イエスが降誕したことを，天使が羊飼いに告げる1010年頃の絵。（ミュンヘン国立博物館蔵）

彼らは、自分たちを圧迫し、苦しめる支配者を憎んでいたし、無意識では、これらの圧迫者とぐるになり、自分たちを苦しめることを許した神を憎んでいた。しかし現実では支配者を打ち倒すことは絶望的だったし、意識的には神を非難することはできなかった。だから幻想のなかで願望をみたす他はなかった。そこでもし人間が神になれば、神は人間の手のとどかない特権的な地位を剝奪されることになるだろう。それゆえ、神になった人間は父なる神を排除したいという人びとの無意識的な願望のあらわれであった。さらにイエスは、自分たちと同じ苦しみを味わった人間であったから、彼らはイエスと自分たちを同一視しやすかった。このことは、無意識では、十字架にかけられた神は自分たち自身であることをも意味したのである。

それより時代は下って二世紀になると、これまで下層階級の宗教であったキリスト教は、中産階級や上層階級のあいだにも信奉者をもつようになった。コンスタンティヌス帝の三一三年、キリスト教は公認された。その当時ローマは、きびしい階級秩序をもった絶対君主制の国家であった。三世紀にキリスト教は変質し、終末論的期待は徐々に消えて行った。つまり神の国は近づいたという未来への希望はなくなった。キリスト教徒は過去に目を向け、決定的な出来事はすでに起こってしまったと考えた。イエスの誕生自体がすでに奇蹟とされた。そこで現実的な救済の希望は、イエスの信仰によって保証される霊的救済にとって代わった。また教会は社会国家を否定する態度を捨て、国家を護持する力になった。

それとともにイエス観も変わり、人間が神になったのでなく、神が人間になったとされた。

紀元三二五年コンスタンティヌス帝の提唱でニケア（現在トルコのイスタンブールの南東にあるイズ

ミット）で宗教会議が開かれ、神の子イエスはあらゆる被造物に先立って父のひとり子であり、父と同質であるというアタナシウス派（のちのローマーカトリック教会）の同質論が勝利を占めた。これは、父と子の調和を意味したし、父に対する子の敵意を除くことを意味した。ローマ帝国の支配下に、支配者を追放し、自分たちの階級の勝利を願うことは絶望的だったし、むだだったので、人びとは父に服従し、父を愛し、父から愛を受けるイエスと自分たちを同一視したのである。

マリア崇拝

しかし憎しみ、あるいは攻撃衝動は消え去らなかった。というのは、支配者の圧迫は強かったからである。では、それはどこへ行ったか。それは権威に向かわず、自己に向かった。苦しんでいるのは、自分に罪があるためとされた。もし自分が不幸なら、自分を責めなければならない。つまり、たえず自分の罪をあがない、自分を苦しめることによってのみ神の愛と赦しを受けることができる。また支配階級は、神の子イエスの受難という考えによって、大衆を圧迫し、搾取しているという自分たちの罪悪感をやわらげることができた。なぜなら、神の子さえも進んで苦しみを受けたのだから、大衆にとって苦しみは神のみ恵みだと考えて、支配階級はみずからを慰めることができた。しかし同質論はそれだけでなく、つぎのことも意味した。すなわち、子が変化しただけでなく、父も変化したのである。父は権力的な強い父から、保護し、いつくしむ母になった。父なる神の一部にある無意識的な母性的性質は、やがてマリアとして象徴化され、四世紀以降、マリア崇拝になった。こうして幼児イエスをだいているマリアは、中世カトリックのシンボルになった。これは、人が幼児に退行したことを意味していた。こうして父への反抗は一掃された。

無意識的願望の充足　フロムがここで示そうとしたことは、人びとの生活条件（社会経済的条件）が一つの特殊な集団にどのような感情的な影響を与えるか（あるいは精神的な変化を生じさせるか）、そしてこの影響が宗教的教義（あるいは宗教的幻想）のなかにどのように表現されるかであった。そしてフロムによると、ちょうど夢が無意識的な願望の充足のように、教義は無意識的な願望の充足を示していた。つまり社会経済状況──→情緒的傾向──→宗教的教義になる。この図式を上に述べたことにあてはめると、

(1)　ユダヤ下層階級の貧困、ローマに対する反抗の敗北──→ローマとその手先の上層階級に対する憎しみと絶望──→（この情緒の無意識での充足として）神になり、父なる神の座をねらう人間イエスという養子論。

(2)　ローマ末期、身分制が強固になり、現状変革の望みがなくなったこと──→霊的救済の望み。父なる神の愛と恵みを受けたいという願望──→はじめから神の子であり、父なる神から愛されていたイエスという同質論。イエスをいつくしむ聖母マリア。

フロムのこの論文は、社会研究所員であり、ドイツ共産党員であったフランツ＝ボルケナウから、マルクス主義と精神分析を統合する最初の具体的な試みと絶賛された。

マルクス主義における欲求　一九三二年、フロムは「分析的社会心理学の方法と課題」を『社会研究雑誌』創刊号に発表し、この点を理論的にもっと深く掘り下げた。

フロムは、史的唯物論は経済心理学であるとか、マルクスは経済的欲求や利益追求本能、すなわち営利心を人間行動の決定的な動機と考えているという、バートランド＝ラッセルや、ヘンドリック＝ド＝マン（フランクフルト大学社会心理学教授）の説に反対した。マルクスはそういうものが人間の本質的な欲求であるとは決して主張しなかった。フロムによると、史的唯物論には心理学的前提などはほとんどないのである。あるにしても、それは、人間は自らの歴史を作る、欲求が人間の行動や感情を動機づける、社会が発展するにつれて欲求は高まり、この欲求の高まりによって経済活動はいっそう促進される、ぐらいである。史的唯物論において経済がうんぬんされる場合、それは主観的・心理的な動機としての経済のことを言っているのではなく、人間活動に対する客観的な条件としての経済のことを言っているのである。それゆえ、人間のあらゆる活動、あらゆる欲求の充足は、自然的・経済的条件の特有な性質に左右されるし、人間の意識は社会的存在から、つまり現実的な地上の生活から説明されねばならない。つまり、存在──→意識、あるいは経済的下部構造

——→イデオロギーである。

精神分析における欲求　つぎにフロムは、精神分析を唯物論的・自然科学的心理学とみなした。そのわけは、第一に、精神分析が人間の行動の背後にある動機は生理学的な基盤をもった本能（欲動）であることを発見したからであり、第二に、意識された精神活動は精神生活のごくわずかの部分を占めているにすぎず、精神活動の多くの動因は無意識的であり、個人や集団のイデオロギーは本能に根ざす個々の願望や欲求の表現であることを暴露したからである。

そこで彼は、当時フロイトがたてていた生の本能と死の本能という本能の二分法を拒否し（死の本能の生理学的基盤はわからない）、フロイトの古い本能の二分法である自己保存本能と性本能というわけ方をとった。

自己保存本能というのは、フロイトによると、個体の生命保存に必要欠くべからざる身体機能に結びついた本能で、飢えがその代表である。これに対して、性本能というのは、フロイトでは、俗に言う「性欲」よりその範囲が広く、赤ん坊が乳首や哺乳瓶の吸い口を扱うときに感ずる快感や排便のさいの快感をえたいという欲求等も含んでいる。ところで自己保存本能の充足はまったなしである。つまり自己保存本能がいつまでもみたされず、先に延期されると、死を招くことがある。これに反して、性本能の充足は先に延期することが可能だし、意識から締め出されて無意識の世界に閉じこめられることもあるし（抑圧）、他の対象に注がれることもある（おきかえ、たとえば異性の人に注がれなくて、ネコに注がれることもある）。また性本能が社会的に価値あるもの（文化）に姿をかえてあらわれることもある（昇華）。要するに、性本能は自己保存本能に比べるとはるかに弾力的で、柔軟性に富んでいる。このことは、性本能が社会に能動的、あるいは受動的に適応できることを意味するものである。

分析的社会心理学の課題　フロイトは性本能が生理学的・生物学的なものであることを十分に認識していたが、一方では、性本能が環境と社会によって変容されることも認めていた。とくに彼は、子供と家族の成員との関係が本能の発達に決定的な影響を与えると考えた。しかしフロイトは、家族自体がそれを取り囲む社会的・階級的な背景によって影響されることや、社会構造（父権制社会、資本主義社会等）によって規定されていることを見逃した。つまり家族は社会が子供や大人に対して心理的な影響を与えるさいの媒介物――「心理的代理店」――であることを見逃した。これは、フロイトがみた患者が中産階級の患者であったことと、彼が家父長制家族（家父長が家族全体を支配し、祖先から伝わった財産を独占し、財産が男子から男子へと相続され、婦人が父・夫・息子の後見のもとに服する家族）を正常状態とみなし、それをもっぱら研究したことから来ている。

これは、エディプス－コンプレックス（幼児が、父親を憎み、母親を愛すること）を絶対視することにもあらわれている。このコンプレックスは本来家父長制社会の男性だけに見られるものなのに、フロイトは人類一般に見られる心理と考えた。これは、社会体制が異なれば、家族の構造も異なることを考慮しなかったためである。しかし精神分析は心理療法であったし、また心理療法は現存の社会秩序に適応できるように患者を変化させることを目的にしているのだから、社会体制の違いによる社会経済条件の違いなどは無視してもさしつかえなかった。しかし精神分析を社会心理現象の解明に応用するときは、それは致命的な過ちの原因になる。

そこでフロムは、つぎのことを提唱した。

(1)　社会心理的な現象は、社会経済状況に対して本能が能動的・受動的に適応する過程として理解しなければならないこと。

(2)　本能の働きは変容可能であるが（つまり柔軟性があるが）、これを変容させる条件は経済条件であること。

(3)　家族は、経済状況が個人心理を作るような影響を及ぼすさいの媒介物になること。

それゆえ、精神分析的社会心理学の課題は、社会の成員が共有している心理態度やイデオロギーを、経済条件が性本能（リビドー）に対して加える影響の問題として説明することである。これは、マルクス主義と精神分析をつなぐことを意味する。したがって、経済的下部構造──→イデオロギーという上の図式は、社会経済状況──→性本能（あるいはリビドー）──→イデオロギー（あるいは社会心理現象）ということになる。

フロイトの性格理論

この論文に引き続いて、フロムは「精神分析的性格学とその社会心理学との関係」（一九三二年）を発表し、上に述べた図式をもっと具体的にしてみせた。

精神分析はもともと神経症（ノイローゼ）の治療法として始まった。それは、精神障害を性エネルギー（リビドー）との関連で説明しようとし、そのエネルギーがせきとめられたり、あるいは意識に出ることが許されなくて、無意識のなかにおさえつけられたり（抑圧）したときあらわれるものが、症状だと考えた。それゆえ、リビドー──→抑圧──→症状になる。その後、精神分析は、病人にも健康人にも見られる性格はどういうふうに形成されるかを研究するようになった。ここでも、神経症の場合と同じく、リビドー──→昇華（あるいは反動形成）──→性格という因果の連鎖で考えた。ここで、昇華というのは、性エネルギーが社会的に価値あるものに変わることであり、反動形成は正反対なものに変わることである。そこでこの点をもう少しくわしく説明することにしよう。

赤ん坊は満腹していても、楽しそうに乳首、哺乳ビンの吸い口、あるいは指や肌着をチューチューと吸う。すなわち、赤ん坊は吸うこと自体に快感を感じているように見える。フロイトはこの快感を性的快感と考え、口の粘膜への刺激から快感をうるように駆りたてる力を口唇性欲、口唇性欲が優勢な時期を口唇期（生後一八か月まで）とよんだ。フロイトによると、口唇性欲が昇華されると知識欲旺盛な人になる。また乳児期に口唇性欲がみたされていた人は、甘ったれだが、気品があり、寛大で、愉快で、社交的な人になる。一方口唇性欲がみたされなかった人は、人から物をかすめとったり、吸いとったりせずにはいられず、残忍で、敵意があり、皮肉屋で、嫉妬深い人になる。この二つのタイプは、口唇性格といわれる。

幼児では、口唇期のつぎに肛門期（八か月—四歳）が来る。これは、肛門粘膜に対する刺激から快感をうる時期である。しかし便に対するしつけが進むと、一つの変化があらわれる。すなわち、大便を我慢したり、適切なときに排泄したりすることに快感を感ずるようになる。この肛門性欲の反動形成として、清潔好きという性格特性ができるし、またその昇華として、時間厳守、几帳面、所有欲、吝嗇《りんしょく》といった性格特性が生まれるし、(「朝トイレに行かなければならない」ということから)「○○をしなければならない」という義務感が生まれる。口唇期には、泣いたり、わめいたりしたら、乳房や哺乳ビンを与えられた。したがって母親は欲求をみたしてくれるよい人であった。ところが肛門期には母親は排泄のしつけをし、排泄の具合や仕方によってほめたり、叱ったりするから、必ずしもよい人ではない。また排泄のしつけは、自分の私的な生活領域への他人の介入であるから、幼児はそれに怒り・反抗・強情でもって反応する。この性格特性は大人になるまで持続することもある。以上が肛門性格である。

肛門期ののち性器期が来る。そしてそれに応じて性器性格があるが、フロイトはそれについて具体的なことはなにも言わなかった。

リビドー構造と資本主義の精神

以上、フロイトが述べたのは個々人で違う性格であった。ところがフロムが関心をもっていたのは社会心理学だったから、彼は社会の大多数の成員に共通に見られる性格はどのようにして形成されるかを問題にした。彼は各社会には独自の経済構造・文化構造があるように、独自のリビドー構造があると考えた。これは、共通の社会経済状況が個々人のリビドーに加えた影響の産物である。逆にいうと、個々人のリビドーが共通の社会経済状況に適応した結果生まれたものである。たとえば、ある社会の人が社会経済状況に適応した結果、口唇・肛門・性器の三性欲のうちの、たとえば口唇性欲が多数の人で一律に強化されたとしよう。すると、その社会のリビドー構造は口唇性欲で、その社会の大多数の人に見られる性格は口唇性格ということになる。この実例として、フロムは一九世紀資本主義社会の精神（つまり大多数の人に見られる性格）は肛門性格であることを立証した。

彼によると、一九世紀資本主義の精神は、資本主義以前の精神、たとえば中世の精神とは著しく違っていた。美しい絵画、荘厳な建築、幾日も続く華麗な祭り、および教会が大衆に約束した福音からわかるように、中世では人間は生まれながらにして幸福・福音・快楽を得る権利があると考えられ、それをうることが人生の目標とみられていた。ところが資本主義の精神は、この目標を捨て、人生で与えられた天職にひたすら従うことを最高の価値とした。つまり幸福の追求に代わって、自己の職業において義務を遂行することが重視された。ブルジョア資本家は快楽をえたり、快適な生活を営むためよりむしろ蓄えるために金をかせいだ。そして蓄えること自体が倫理的規範になり、浪費はいむべきこととされた。時間の浪費もまた排斥され、朝起きたとき、その日のスケジュールをたてることがすすめられた。また資本主義社会は競争社会であるから、憐憫《れんびん》の情は禁物であった。だから憐憫の情を欠いても、非道徳的とは考えられなかった。

以上をまとめると、一九世紀資本主義の精神は(1)快楽の抑制、(2)所有・貯蓄の重視、(3)義務の遂行、(4)几帳面の強調、憐憫の情の禁止である。

これは、さきに述べた肛門性格と重なっている。したがって、肛門性格は資本主義の要請に対する適応として発達した性格といえるし、逆にこの性格が資本主義を発達させる原動力の一つになったといえる。

それゆえ、六三ページ一行目の図式はつぎのように改められる。社会経済状況――→リビドー構造――→社会の成員に共通に見られる性格――→イデオロギー。

ところでフロムによると、リビドー構造は慣性をもっているので、共通に見られる性格も安定している。それゆえ経済状況が変化しても、性格、さらにイデオロギーまで変化するには長い時間がかかる。しかし社会の内部に客観的な矛盾や葛藤が生じ、社会が解体傾向を示すと、社会のリビドー構造に変化があらわれ、そのエネルギーは体制維持の役に立たず、新しい社会の形成に貢献するようになる。「それはセメントであることを止め、ダイナマイトに転ずる」(「分析的社会心理学の方法と課題」岡部慶三訳)とフロムは言った。

母権と父権

バッハオーフェンの復活　マルクスとエンゲルスによって注目されて以来、久しく忘れられていたスイスの法律家バッハオーフェンの著書『母権。宗教的・法的な性質から見た古代社会の女人政治制の一研究』(一八六一年)が、一九二〇年代の終わり、にわかに脚光を浴びた。これは、アルフレート＝ボイムラーやシュテファン＝ゲオルゲのような新ローマン主義の思想家や詩人の共鳴によるところが大きかった。新ローマン主義は、形而上学や魂や神秘主義や神話のような非合理的なものに目を注ぎ、死の賛美、信仰のあこがれのようなペシミズム的な風潮を多分にもっていた。この共鳴のおかげで、一九二六年この本が半世紀ぶりで復刻された。フロムはこの本を読んでいたく感激した。バッハオーフェンこそ、フロムの思想の軌道を修正させた張本人であった。

バッハオーフェンが上の著書で唱えたことは、古代社会は母権制であったということであった。すなわち、彼は古典文学を検討して、ギリシア・小アジア・エジプトの古代社会では、女性が、のちの時代には与えられないような高い地位を占め、社会的・政治的に権力をふるっていたことを発見した。このように女性が尊敬されたのは一つには、古代社会では性関係が乱婚的であったため、母親は親であることはわかるが、父親はわからなかったからである。しかし歴史的発展の過程で男性は女性を征服して、社会の支配者になり、ここに父権（家父長制）社会が成立した。つまりバッハオーフェンは、現存する社会体制の相対性を指摘したのである。これが、マルクスやエンゲルスが共鳴した理由であった。

母権社会の特色

母権社会は民主制であり、私有財産はなく、性は抑圧されておらず、母性愛・平等・憐憫が支配的な道徳であり、死者や祖先の崇拝が重んぜられ、血縁のつながりや大地へのつながりが強調され、精神的・文化的・合理的なものに価値がおかれていなかった。過去にユートピアを求めようとした新ローマン主義者を魅了したのは、この点であった。

バッハオーフェン

これに対して、父権社会は人間の作った法律を重んじ、理性的な思考の優越を認め、自然を変化させる人間の努力を高く評価した。

バッハオーフェンはつぎのように述べている。

「あらゆる文化、あらゆる美徳、人間存在のあらゆるけだかい面の発端になる関係は、母と子の関係である。この関係は、暴力に満ちた人生で、愛、統一、平和の原理として作用する。女性は幼いものの面倒をみるために、男性よりも早く、自分自身の自我の限界を越えて他人にまで愛情のこもった世話をすることを学ぶし、また他人の生存の維持と美化に、彼女の精神がもっているあらゆる発明の才を使うことを学ぶ。文化のあらゆる発展、人生のあらゆる善行、あらゆる献身、あらゆる養育、あらゆる死者のとむらいは、女性に由来する。……母性愛はやさしいだけでなく、もっと一般的で、あまねく行きわたる。父性の原理には制限があるが、母性の原理は普遍性の原理である。前者はより狭い範囲への制限を伴うが、後者はなんら制限を知らない。人間はすべて兄弟だという思想は、母性の原理から来ている。この意識は父性の発達とともに消滅する」。

ブリフォールトの母性愛説　しかし一九二〇年代の後半は、長く埋もれていた母権理論の古典がよみがえった時代であるだけでなく、新しい研究が行われ、母権理論がブームの観を呈した時代でもあった。すなわち、一九二七年にはイギリスの人類学者マリノフスキーの『未開社会における性と抑圧』が、一九二八年にはイギリスの医者で、民間の人類学者ブリフォールトの『母親』が、一九三一年にはマリノフスキーの研究に刺激されたライヒの『性道徳の出現』が刊行された。一九三三年フロムは、右に挙げたブリフォールトの大著『母親。情操と制度の起源の一研究』

(全三巻)を紹介する論文を書いた。彼はまず、人間は、他の哺乳動物に比べて妊娠期間が異常に長いこと、人間の子供は未成熟なまま生まれること、このため母親は子供を長く世話しなければならないこと、この三つの条件から母性愛が生まれるというブリフォールトの説を紹介した。それゆえ、母性愛は利他的なものである。これに反して、性欲は利己的なものである。したがって母性愛は性欲と同じでない。フロイトによると、愛は性から生まれるが、ブリフォールトによると、あらゆる愛は母性愛から生まれる。いや愛情や情愛だけでなく、同情・寛容・親切、要するに利他的な感情はすべて母性愛にその源がある。つぎにブリフォールトは、動物の群れは性本能にもとづいて成立するが、人間の家族は母性愛の作用から生まれたとした。そして母と子の結合からなる家族が連合して、母親を中心とした未開社会が成立する。ブリフォールトはまた、夫が妻の家に入る妻方居住婚は母権制家族の最後の遺物であるが、それが地球上にいかに広く見られるかを指摘した。

母性中心コンプレックス　その翌年の一九三四年フロムは、「母権理論とその社会心理学的意義」という論文を発表した。彼が母権理論にひかれたのは、母権社会が実際にあったかどうかという歴史的な興味からではなかった。彼にとってそれが重要と思われたのは、母権社会の文化を研究すると、われわれの社会で見られるのと違った精神構造があることを教えられるだけでなく、われわれの社会に生きている人の精神構造にも光が投ぜられるからであった。彼はたとえ母権社会というものがなくても、母性中心的な社会というものはあると考え、そのような社会で発達する精神構造を「母性中心的コンプレックス」とよんだ。それは、バッハオーフェンやブリフォールトが述べたようなものであった。すなわち、無条件の（お返しを要求しない）母性愛に見られるような楽天的な信頼感、性的拘束がないために罪悪感が少ないこと、良心（超自我）の力が弱く、快楽や幸福をえたいという力が強いこと、弱者や助けを必要とする者には母性的な共感や愛情を注がなければならないという理想が強く発達していること、である。フロムは、これは中世の社会、また今日では南欧のカトリック諸国に見られるとし、カトリック教会に見られるイエスをだいた聖母マリアの像は、「母性中心コンプレックス」のシンボルであると考えた。

父性中心コンプレックス　これに対立するのが、父性中心的な社会で発達する「父性中心コンプレックス」である。フロムはこれが、フロイトの言うエディプス－コンプレックスだと考えた。フロイトによると、男の子は性衝動を最初の愛の対象である母親に向ける。この結果、男の子は父親をライバル視して、憎むようになる。これがエディプス－コンプレックスである。しかし家族内では父親が絶大な権力をもっているから、男の子が自分の願望をみたすことはできない。そこで彼は父親のようになろうとし、父親の道徳的な命令や規範をとり入れる。このとり入れられたものが、超自我（良心）を形成する上の基盤になる。しかしこのとり込みは、部分的にしか成功しないから、父親とのライバル関係は、アンビバレントな（愛と憎しみが並存している）感情を生む。つまり彼は、父親に愛されたいと望むのと同時に、父親に反抗する。

しかし「父性中心コンプレックス」は、フロムによると息子に対する父親の態度からも影響をうける。父親は息子に比べると生命が短かいことや、社会的な義務が重いために、息子を嫉妬している。また息子を教育するのも、息子自身の幸福を目ざしているのではなく、父親自身の社会的・経済的要求をみたすためである。すなわち、老後に扶養してもらうためとか、自分の社会的威信を高めるためとか、自分がみたされなかった願望を息子によってみたすためである。そこで父親は、息子が自分の自己中心的な期待をみたしてくれるかぎり息子を愛するが、そうでなければ、息子を愛さないか、軽蔑する。つまり父性愛は条件つきの愛である。この点、父性愛は報いられることを求めない母性愛と違う。このように父性愛は条件つきの愛であるため、息子は義務を遂行することが愛の最低限の保証になると考え、義務の遂行だけを人生の関心事とする態度を発達させる。しかし人間の行為は理想には及ばないので、精一杯義務を遂行しても罪悪感が生まれることになる。

要するに「父性中心コンプレックス」の特徴は、厳格な超自我、はげしい罪悪感、父性的権威への恭順と愛着、弱者を支配することと弱者を支配する歓び、自己の罪を甘受しようとする態度、幸福を享楽する能力が欠けていること等である。フロムは「父性中心コンプレックス」は、プロテスタント社会に優勢に見られるとし、それを資本主義発展の原動力の一つだと考えた。

フロイトは、エディプス－コンプレックスは、どの社会、どの時代の人間にもひとしく見られるとした。ところがフロムは、これは父性中心的な社会の人間だけに見られるとした。つまり、彼は、エディプス－コンプレックスの普遍性を否定したのである。

エディプスの神話 このエディプス－コンプレックスのもとになったのは、エディプスの神話であるが、フロムは上の論文の一七年後の一九五一年に出版した『忘れられた言語』（邦訳『夢の精神分析』）のなかで、この神話を解釈し直した。

フロイトが自説のよりどころとしたのは、ギリシアの悲劇作家ソフォクレスの『オイディプス（エディプス）王』であった。これによると、話はこうである。テーベの王ライオスとその妃イオカステに息子が生まれれば、その子は父を殺し、母と結婚するであろうという神託がくだる。そこで息子が生まれたとき、ライオスは神託が実現されるのを恐れて、足に孔をあけて、キタイロン山に捨てさせた。やがてこの子はコリントの王ポリュボスの羊飼いに発見され、足が脹れていたためオイディプス（オイダ＝脹れる）と名づけられ、ポリュボスの実子として育てられた。ところがあるとき、酒宴の席で、ある男からおまえはポリュボスの実子でないと侮辱された。そこで彼は神託をうけにデルフィに旅立った。ところがデルフィの神託は、おまえは父を殺し、母と結婚し、見るに耐えぬ子孫を残すというものであった。そこで彼は、コリントに戻らず、神託が実現される恐れのない土地に向かった。その途中、彼は、口論の末、そうとは知らないで実父のライオスとその御者を殺してしまった。ちょうどその頃、怪物スフィンクスがテーベの近辺にあらわれ、テーベ人を悩ましていた。この怪物は岩の上に腰をかけ、側を通る人に謎をかけ、謎を解けない者を殺した。そのためテーベ人は「スフィンクスからこの国を救う者は、テーベの王になり、イオカステを妃にすべきだ」と宣言した。オイディプスがこの怪物に近づくと、「最初に四つ足で歩き、それから二本足、最後に三本足で歩くものはなにか」と尋ねた。オイディプスは即座に「人間」と答えた。スフィンクスは謎が解かれたのに驚き、岩から落ちて死んだ。今やオイディプスはテーベの王になり、実母イオカステを妻とする身になった。やがてテーベに疫病がはやった。今度はライオスの殺害者を追放せよという神託が下った。オイディプスがこの神託を実行しようと努力しているとき、予言者があらわれ、オイディプス自身が父を殺した犯人で、母の夫だと告げた。これを聞いて、イオカステは自殺し、オイディプスは目をえぐって盲になった。

ソフォクレス

『コロノスのオイディプス』　ここでフロムは、テーベを救ったほどの英雄オイディプスが、当時の人の目に恐ろしく映る罪を犯した人として描かれるとはとても考えられないと言った。そこでこの謎を解くには、悲劇の三部作の他の二つ『コロノスのオイディプス』と『アンティゴネー』を見なければならない、と考えた。

『コロノスのオイディプス』では、盲になったオイディプスは、テーベを追われ、娘のアンティゴネーとイスメネに手をひかれて、アテネ近郊のコロノスの女神の杜に着いたとなっている。物語はここで展開される。町の人はオイディプスが自分たちが足を踏み入れたこともないし、名前をあえて口にしない恐ろしい女神の杜に入ったことを聞いて集まってきて、おまえはなに者だと言う。彼は名前を名乗る。これを聞いて、町の人は立ち去れと叫ぶ。これに対してオイディプスは、おれの名前が恐ろしいからおれを追放しようとするのかと言い、「おれの所業はおれがやったというより、おれのほうが被害者なのだ。どうかおれを助け、最後まで見守ってくれ。おれはこの国の人に利益をもたらすために来たのだ」と嘆願する。彼はアテネ王テセウスにも、嘆願する。王は彼の願いを聞き入れる。このころテーベでは、オイディプスの追放後、オイディプスの二人の息子が王座をめぐって争い、弟のエテオクレスが勝ち、兄のポリュネイケスが敗れる。兄は父のオイディプスをたよってアテネに来、父の援助を求める。このときオイディプスは息子に言う。

「おまえだ。おれをこの苦しみの友にしたのは。おまえだ。おれを追放したのは。おまえのおかげでさまよいつつ、その日の糧を他人に乞うているのだ。もしこの娘たちがおれの養い手となってくれなかったなら、おれは生きてはいなかったろう。今ではこの二人がおれの命を保ってくれる。二人はおれと苦労をわかつ男だ。女ではない。ところがおまえたちはおれの子ではなく、他人の子だ。おのれ、立ち去れ、おれに忌み嫌われた父なし子、悪の権化め。このおれがおまえにあびせかける呪いをいだいて、弟の手にかかって死に、おまえを追い出した者を殺すのだ。これがおれの呪いだ」(『ギリシア悲劇全集Ⅱ』高津春繁訳、人文書院、所収)。

やがてオイディプスに死が訪れる。彼は恐ろしい女神の杜で死に、アテネの守護者になる。

『アンティゴネー』　第三の作品『アンティゴネー』はつぎのような筋である。オイディプスの娘アンティゴネーは父の死後テーベにもどる。テーベではオイディプスの二人の息子、さきに挙げた弟のエテオクレスと兄のポリュネイケスが相争い、二人ともが死に、クレオンがオイディプスの伯父という理由で王位につく。クレオンは、ポリュネイケスは亡命者で、父祖の国に火を放った者だから、そのなきがらを葬らず、カラスや野犬の食うに任せ、葬式など出してはいけない、それに違反する者は死罪にするという布告を出す。アンティゴネーは法をおかしても葬式を出すといい、妹のイスメネに助力をたのむ。これに対してイスメネは言う。

「それより、よく考えなければなりませんわ。まず第一に自分たちが女だってこと、それで男の人と争いあうように生まれついていないということ。それにまた、力の強い者の支配を受けているのだってことも。それゆえ、服従しなければなりませんわ。ですから、私としては、権力をもつ者の言うなりになってくつもりですの。そうするほかないんですもの。とやかく騒いでみても、馬鹿をみるのがおちでしょう」(『ギリシア悲劇全集Ⅱ』呉茂一訳、所収)。

しかし姉のアンティゴネーは妹のこのいさめをきき入れず、兄のなきがらを葬る。これが見つかり、アンティゴネーはクレオンのまえに引きたてられる。クレオンは彼女に「なぜ掟を破ったのか」と聞く。これに対して彼女は、「たとえ書き記されていなくても、神々の定めた掟を人間が破ることはできません。この掟はいつまでもいつまでも生きているもので、いつできたのか知っている人さえいません」と言う。王は、たとえ私の姪であっても罰は逃れられない、死罪だと言う。またた彼は、悪人も善人も同じ扱いをうけるのは好ましくないという。これに対して彼女は、「私は憎しみをわけ合うのでなく、愛をわけ合うように生まれついたのです」と言う。そのとき、クレオンの息子で、アンティゴネーの許婚者のハイモンがあらわれる。クレオンは息子に、許婚者への判決を聞いて、たけり狂うことはないだろうな、と尋ねる。ハイモンは、父上のことばに従いましょうと答える。これに対して、クレオンは言う。

「そうだとも、おまえ、その心得が大切だ。万事につけて父親の意見に従ってゆくということを肝に銘じておくのが。……この町でこの娘だけがあからさまに言うことをきかないからつかまえたのだ。だから、私自身が国中で嘘つき者と言われないためにも、死罪とするほかはない。…

…家にあって義務を怠らない者は、国家においても正義の行為を行うだろう。これに反して、掟を犯して乱暴を働く者、また支配者に指図をしようなどとたくらむ者、このような奴を私はとうてい賞賛できない。だから、いったん国が支配者を選んだならば、事の大小を問わず、また正しかろうと、正しくなかろうと、これに服従するのが当然だ。このように服従を知る者こそ、私は確信をもって断言するが、欲すれば立派な統治者とも被治者ともなり、いったん矢《や》弾《だま》の飛びかうなかにおかれれば、勇敢かつ忠実に部署を守って戦友を助け戦う。ところが秩序を守らぬよりひどい悪はないのだ。そのため多くの国は滅びもし、そのため多くの家も荒れはてる。……こういう訳だから、われわれは定まった法おきてを大切に守って、決して女子供に牛耳らせてはならないのだ。やむをえないなら、男子の手によって追い落とされたほうがましだ。そしたら女にも劣った者ともよばれないですむからな」(呉茂一訳、前掲書)。

これに対して息子のハイモンは、町では兄の葬いをしたアンティゴネーは見上げたものだと言っている、父上も自説を押し通さず人の意見を聞いてくれと言う。しかしクレオンはこれをつっぱね、従者にアンティゴネーを土牢に入れて殺すように命ずる。アンティゴネーが土牢に入れられたあとで、予言者があらわれ、クレオンに罪を意識させる。クレオンは恐怖にかられて、アンティゴネーを助けようと土牢に入る。しかしアンティゴネーは首をつって死んでいて、息子のハイモンが彼女の死体にしがみついて泣いている。彼は父が来たのを知り、剣を抜いて父を刺そうとする。父がとっさに身をかわすと、ハイモンは剣を自分の胸に刺して死ぬ。クレオンの妻も、わが子が死んだのを聞いて自害する。

父権制と母権制の相克

フロムは、この三部作に一貫して流れているものは、父と子の相克だと考えた。すなわち『オイディプス王』では、父のライオスは子を殺そうとし、最後に父は子に殺される。『コロノスのオイディプス』では、父のオイディプスは息子を憎み、息子に呪いのことばを言う。『アンティゴネー』では父と子の口論が語られ、子は父を殺そうとする。近親相姦は『オイディプス王』にしか出て来ないが、この作品でも母の魅力にとりつかれたとは語られていない。『コロノスのオイディプス』では、はっきりと「おれの所業はおれがやったと言うより、おれのほうが被害者なのだ」とか、「このおれが好んでやったことではない」とか「あの女を好んで妻としたのではなかった」と語られている。こうなると、オイディプスの神話では父の権威に対する息子の反抗、あるいは父に対する息子の憎しみが主要なテーマで、母との結婚はつけたりであることがわかる。母との結婚は、王位に付属していたものにすぎない。それゆえ、『オイディプス王』に対するフロイトの解釈は正しくないといえる。

ここでフロムは、バッハオーフェンの母権理論をもち出した。さきに述べたように、母権社会は、大地へのつながり、血縁のつながり、死者の弔い、母性愛を重んじ、父権社会は法を重んじ、権威への服従を重視する。アンティゴネーが兄の葬式を法を破ってまでしようとし、また「私は憎しみをわけ合うのでなく、愛をわけ合うように生まれついているのです」というのは、母権制の原理である。

一方イスメネやクレオンが服従を説き、法を守ることをさとすのは、父権制の原理である。またオイディプスが女神の杜で死に、アンティゴネーやハイモンが土牢のなかで死ぬのは（大地へのつながり）、母権制の原理を示している。

フロムは、スフィンクスの謎がテーベの王になるという報賞に比べてやさしすぎることに注目した。フロムは、ここにフロイトのいう「おきかえ」の機制が働いていると考えた。つまり、一見すると謎を解くという行為が重要であるように見えるが、実際には「人間」という答自体が重要なのである。いいかえると、スフィンクスの謎は、いかなるものにまして人間が大事だということを示しているのである。そして人間の重視こそ、母権制の原理であった。

それゆえ、オイディプスの神話の中核は近親相姦ではなくて、母権制の原理と父権制の原理の相克と考えられる。『アンティゴネー』の終わりで、クレオンは息子と妻の死を知り叫ぶ。

「連れ去ってくれ、この用もない人間をよそへ。おお、息子よ、おまえを心にもなく殺してしまったこの私。またそなたもだ。そこに臥せっている妃よ。何というみじめな私か。……何もかも手もとにあるすべてが狂って、その上にまた、私の頭上に耐えがたい運命の槌が撃ち込まれたのだ」（呉茂一訳、前掲書）。

かくて父権制の原理の権化クレオンは敗北する。いいかえると、権威主義、男性の優位、息子に対する父の優位、国民に対する独裁者の優位は敗北する。ところが『オイディプス王』では、母権制の原理を示すイオカステとオイディプスは敗北している。これは他の作品に矛盾している。フロムはこれをつぎのように考えた。イオカステは夫が息子を殺すことに加担する。これは父権制の原理から見ると正しいが、あまねく母性愛を施す母権制の原理から見ると正しくない。イオカステは、このように正しくないことをしたために、自分自身が破滅しただけでなく、わが子や夫までにも禍いが及んだことを作者のソフォクレスは言っているのである。つまりソフォクレスは、母権制の原理を貫き通し、母親の崇高な義務を果たさないと破滅がくると警告しているのである。それゆえ、この作品も他の二部作の思想と決して矛盾していない。

精神分析療法の特徴　フロムはバッハオーフェンの思想に傾倒するにつれて、フロイトへの熱中がさめて行った。一九三五年、フロムは「精神分析療法の社会的制約性」を書き、フロイトに対する幻滅の理由を説明した。

さて、神経症の症状は、無意識的な傾向（あるいは衝動）と、これを抑圧する傾向とのあいだの葛藤から起こる。そして精神分析療法の目的は、この無意識的な（つまり抑圧された）傾向を意識にのぼらせることである。この場合自由連想が使われる。つまり患者は心に浮かんだことを包みかくさず報告しなければならない。ところが患者は抑圧されたものに近づくとなにも思い出せなくなったり、分析医に立腹したり、こんなやり方は非合理だと憤慨したりする。フロイトはこれを抵抗とよんだ。しかし抵抗といっても、患者がわざと、あるいは意志的に、言わないようにしているのではなく、無意識的にしているのである。

ところで一人の人が他の人に、自分が非としていることや、不合理で笑うべきことを腹蔵なく告白するというような状況は、この世には一つとしてない。このような状況を作ったことは、フロイトの大きな功績である。それはともかく、この状況では、患者は正直でなければならないが、一方医者は、平静な感情をもち、公平な態度をとり、患者が言ったことを評価せず、客観的で、偏見なく、中立的で、思いやりのある態度で聞かなければならない。フロイトは再三患者に対する分析医の態度を「寛容」とよんだ。たとえば「患者の無作法で、官能的な欲求を自然現象として是認するためには、寛容をよび起こさなければならない」と言っている。要するに、フロイトは、分析療法では、平静な感情や公平と並んで、寛容を説いた。

寛容の本質

そこでフロムは、この「寛容」について研究した。寛容は、彼によると、「すべてのことを理解するとは、すべてのことを許すことである」ということと、「人は、万人をその人の流儀に従って幸福にさせるべきだ」という格言に言い尽くされている。前者は判断の寛大さを意味している。つまり、人は人間の弱点を許すべきだし、判決を下してはならないということである。後者はあらゆる評価を避けることである。評価自体が非寛容である。フランス革命の国民議会の布告（一七九三年）のように、ユダヤ教徒にせよ、キリスト教徒にせよ、回教徒にせよ、儒教の信奉者にせよ、ラマ教徒にせよ、みな同一だということである。

一八世紀までは、「寛容」は、一定のことを信じて、他のことを信じたり、表現したりしてはならないとしていた国家や教会に対する市民階級の闘争のシンボルであった。しかし市民階級が勝利を収め、支配階級になるにつれて、寛容の意味は変化し、抑圧に反対し、自由を求める意味より、知的・道徳的なレッセーフェール（自由放任）になった。つまり寛容は、上に述べたような、ユダヤ教徒もキリスト教徒もみな同じだといった価値の相対主義になった。価値自体は他人の近づけない、個人の所有物になった。しかしそうはいっても、現存する社会の秩序がおびやかされたり、社会のタブーを侵害することは許されず、そこにおのずから限界があった。

要するに、一九世紀に発達した自由主義的寛容はそれ自体矛盾にみちたものだった。人びとは刑法を改正し、服役者の処遇を改善し、犯罪人はそんなに悪くない人間だと言った。しかし自分の娘が、刑務所に入ったことのある詐欺師と結婚したいというと、いろいろな理屈をつけてそれに反対した。またカントによると、自由とは、学者が考えていることを学者として書き、言う学者の自由であって、行為とは関係がなく、また市民は立法当局に無制限に服従しなければならなかった。つまり意識ではあらゆる価値に対する相対主義が支配し、無意識ではタブーの侵害に対するきびしい非難があるのが、市民社会の寛容の特徴である。

フロイトのいう寛容

フロムは、フロイトにもこのような矛盾した寛容が見られると言った。たとえば、フロイトは、一夫一婦制では十分な性の満足がえられないため、神経症がふえているから、一夫一婦制という性道徳をゆるめるべきだと言う。ところが、その舌の根の乾かぬうちに、現在（二〇世紀初頭）の避妊法は有害で、性の享楽を妨げ、神経症を作っていると言っている（今世紀初頭には、今日用いられているような避妊法は知られておらず、もっぱら中絶性交が用いられていた。ところが、これを使うと、神経症となりやすかった。フロイトの言っているのは、このことを指す）。とすると、婚前や婚外の性交渉は結局できないことになる。つまり意識的には、あるいは口先では、性道徳をゆるめよと寛容であるが、いざそれが行動として発動されそうになると、詐欺師と結婚したいという娘に反対する親のように、いろいろ理由を挙げて、不寛容になる。フロムは、フロイトのこの態度に幻滅した。

フロイトへの幻滅

フロムがフロイトに幻滅した第二の点は、つぎのことであった。フロイトは、精神分析療法の目標を、労働能力と享楽能力の回復においた。これは、フロムによると、支配階級の理想を果たし、タブーを尊敬することを意味した。フロイトは、患者が病気やその他の理由で分析を休むときにも分析の費用をとるように言っている。患者が休んだために分析医が自由な時間をもてることは考えられていない。お金をとらないことは、儲ける人として恥ずべきこととされている。フロムは、これはフロイトの資本家的態度を示すものだと考えた。

フロイトの理論が父親と息子の葛藤から組み立てられていること、愛は性に付随する感情として起こるものとされ、性と関係のない人類愛は彼の心理学では研究対象でないこと、彼が弟子たちに対して絶対の服従を要求したこと、こういったことは、フロイトが家父長中心的な性格であることを示していると、フロムは考えた。精神分析療法の実地では、幸福が欲しいという患者の欲求を、なにものにもぐらつかず肯定する雰囲気が必要である。またそういう雰囲気では、分析のさいの抵抗は減る。ところが家父長中心的な性格の分析医は、そういう雰囲気を作らない。こういう点、家父長中心的な態度は分析には不利である。

フェレンツィ賛美

このようにフロムはフロイトを批判してから、フロイトに代わる人物としてフェレンツィを挙げ、彼を賞賛した。とくにフェレンツィが「医者が学校の教師か権威のように登場することほど、分析治療に有害なことはない」とか、医者は患者に対して謙虚にならねばならず、医者の言うことは命令の性格をもってはならないと言ったことに、共鳴した。

またフロムは、フェレンツィが支払いのできない患者を治療したことや、彼がフロイトのように患者に冷静で、客観的な態度をとらず、友好的で、親切な態度をとったことに賛意を表した。だからフェレンツィとフロイトの仲が悪くなったのは、原則の対立からであった。すなわち、それは、患者の幸福を無条件に肯定する人間的で、人道主義的な態度と、家父長中心的で、権威主義的な態度との対立であった。

アーネスト＝ジョーンズ

この論文を書いてから四〇年後にも、フロムはフェレンツィに高い賞賛をよせた。とくにジョーンズがその『フロイトの生涯と業績』（一九五三〜八年）のなかで、フェレンツィは晩年精神病者であったと書いたことに、フロムははげしく立腹した。彼は、フェレンツィが精神病者でなかった証拠として、一九三二年からその死（一九三三年五月二四日）までフェレンツィとともにあったクララ＝トンプソンのことばを挙げた。

「彼の肉体的な病気（悪性貧血）の症状を除けば、彼の反応には、私の観察したかぎりなんの精神症状も見られなかった。

アルフレッド＝アドラー

私はきまって彼を訪問し、彼と話したが、記憶障害を除いては、ジョーンズの描いたフェレンツィの精神病とか、殺人の気分といったものの実体をなす出来事をただの一つも見なかった。」（『革命的人間』谷口隆之助訳）

このことからフロムは、スターリン主義者が共産党脱党者や除名者を裏切者とか資本主義の犬とよんで、『ソ連邦共産党史』を歪《わい》曲したように、ジョーンズはフェレンツィやランクのような精神分析から離れた精神分析の古い仲間を精神病者にしてしまって、精神分析の歴史を歪曲したと言って、フェレンツィの名誉を回復しようとした。

フロムはまた、フロイトの古い同志であり、のちフロイトから離れたアルフレッド＝アドラーが一九三七年五月二八日死んだときに述べたつぎのことばには、フロイトという人物の愛のなさと憎しみが徹底的にあらわれていると言った。

「ウィーン郊外の出であるユダヤ人にとって、スコットランドのアバーディーンでの死は、それ自体が前代未聞の出世であり、彼がいかにうまく立ち回ったかということの証明です」（アーノルト＝ツヴァイク宛の一九三七年六月二二日付の手紙）。

それはともかくとして、「精神分析療法の社会的制約性」は、フロイトへの決別の書であった。

権威の心理学

さきに述べたように、一九三一年一月ホルクハイマーは所長になるや、学際的なテーマを共同研究することを研究所の方針にし、まず「権威と家族」をそのテーマに選んだ。そして研究は一九三二年から、社会研究所の所員全員によって開始された。

父親の権威の失墜

このテーマが取りあげられたのはつぎの理由からであった。一七、八世紀には家族は生産共同体であったから、父親は家族全員の扶養者として絶大な権威をもち、家族全員に君臨できた。ところが資本主義が発達するにつれて、家族は消費共同体になり、父親の権威は次第に低下した。とくにプロレタリアの家族では妻も働かねばならなかったから、極端にいうと家族は性を充足する機能しかもたなくなり、父親の権威はいちだんと低下した。つまり工業の発展により家族、あるいは父親の機能は変わってしまった。そこで、一七、八世紀に父親が行っていた機能を今日行っているものはだれかをあきらかにすることが、この研究の目的であった。

ドイツの労働者の性格

一九三二年、フロムは、シャハテル、ラザルスフェルトらとともに、この共同研究の一環として、労働者の意識調査を行った。すなわち、彼らは約三千枚の質問紙を労働者にくばり、子供の教育、新しい戦争を回避する可能性、国家権力の真のありかた等について労働者に質問した。その結果五八六枚が回収された。つぎに回答をよせた者を面接し、その答を精神分析的な技法で分析した（フロムはこの方法を解釈的質問紙法とよんだ）。その結果、公言された彼らのイデオロギーと彼らの性格にはずれがあることがわかった。フロムは彼らの性格を三つにわけた。すなわち五八六名中一〇％は「権威主義的」性格といわれるものを示し、一五％は反権威主義的な目標に心情的に加担していた。彼らはこれを「革命的」性格とよんだ。この性格の人は、状況によっては左翼の革命的言辞で行動するように思われた。残りの七五％は、この両者を混ぜ合わせたような「アンビバレント」（両価的）な性格をもっていた。そこでフロムは、ドイツの労働者階級は、その戦闘的なイデオロギーにもかかわらず、ナチの権力奪取に抵抗しないだろうと結論した。この結論は先見の明をもっていた。しかしこの研究の詳細は発表されなかった。これは、フランクフルト亡命のどさくさにまぎれて研究データが失われたためともいわれているし、ホルクハイマーがこの調査にそれほど価値をおいていなかったためともいわれている。それはともかく、この調査はその後のフロムの理論形成に深い影響を与えた。

超自我は内化された権威である　一九三六年、五年にわたる協同研究の成果がみのり、パリのフェリックスーアルカン社からドイツ語で『権威と家族に関する研究』が刊行された。その第一部はホルクハイマーの「総論」、フロムの「社会心理篇」、マルクーゼの「思想篇」の理論的研究からなり、第二部は上述のフロム等の調査の概略、第三部はウィットフォーゲル・シャハテル・クルト＝ゴールドシュタイン（フランクフルト大学精神科教授）ら一六名の研究論文からなっていた。

この「社会心理篇」で、フロムは権威の心理学を扱った。フロムはまず、権威関係は小農の父親と息子、士官と兵士、医者と看護婦、司祭と信者、大学の教師と学生のような上の人と下の人の感情的な結びつきであるが、そこに含まれる感情は畏敬、恐れ、驚嘆、愛、賛美、是認、尊敬、憎しみ等さまざまであるから、権威を一義的に定義することはできないと言った。その代わり彼は、(1) 権威に対する態度はどのようにして形成されるか、(2) 権威は心理学的にどういう機能をもっているか、(3) 権威に心酔している人はどういう性格をもっているか、を検討した。

彼は、権威の問題を心理学的に取りあげた人はこれまでフロイトしかいなかったとして、まずフロイトの説を紹介した。

フロイトは、心（彼のことばでは心的装置）を超自我・自我・エス（イド）の三つにわけた。エスは本能（たとえば性本能）の貯蔵庫であり、自我はエスが外界の影響をうけて変化した部分で、理性と分別と運動機能をつかさどり、抑圧を行う。超自我は普通良心といわれるもので、自己観察と理想の形成をつかさどる。超自我ははじめは両親の禁止機能――なになにをしてはいけません、なになにをしなさい――を内に取り入れることから生まれ、発達の過程で教師とか、模範になる人の影響をもうけて形成される。

ここでフロムは、社会を支配している権力がそんなに影響力を及ぼすことができるのはなぜかという疑問を提出した。大衆が権威の要請と禁止機能に服従するのは、暴力や強制手段に対する恐怖や不安だけからではない。もちろんそういうこともあるだろう。しかしそれだけで人を服従させようとすると、それを行使する機関、たとえば警察や刑務所がたくさん必要になり、お金がかかるし、社会不安が起き、その結果社会の生産は落ちてしまうだろう。ここで、フロイトのいう超自我が問題になる。すなわち、外部の権力は超自我に取り込まれ、内部の権力に変えられる。そこで個人は外部の権力から処罰されるという恐れからだけでなく、その人自身の心の中に打ちたてられた超自我から処罰されるという恐れから、命令と禁止に従うようになる。

家族のなかで大きくなる子供にとって、最初の外部的な権力は父親である。上に述べたように、この父親の命令と禁止が内に取り込まれ、超自我となり、道徳と権力という性質でおおわれる。しかし一たび超自我が打ちたてられると、今度は逆に社会を支配している権威の担い手に超自我が投射される。つまり現実の権威を自分自身の超自我の性質でおおうということが行われる。そのため現実の権威が実際、道徳的・知的にすぐれたものでなくても、すぐれたものとされてしまう。そしてすぐれたものとされたこの権威がふたたび超自我に取り込まれることになる。フロムは、超自我と権威のこの関係を弁証法的といった。要するに「超自我は内化された権威であり、権威は人格化された超自我である」。

権威の機能

つぎに、権威と超自我はどういう機能を果たしているのか。それは、危険な衝動と願望を無意識のなかに押し込めてしまうことである。ここで危険な衝動をおさえつけるものは、その衝動を発動すると罰せられるという不安で十分だという疑問が起こる。たとえば、刑罰をうけるのがこわいからといって、盗みや詐欺をしない（つまり盗みや詐欺をしたいという衝動を発動しない）人は、世の中にはいくらもいる。ところが権威、あるいは超自我が危険な衝動を押さえつけるときは、その願望は意識にあらわれることさえないし、理性に訴える必要はないし、また抑圧は自動的・徹底的に行われるという利点がある。フロムは、この場合とさきの場合（刑罰の不安の場合）の違いをつぎの例を挙げて説明した。

ここに二人の娘がいる。一人はピューリタン的に育てられ、両親に対して愛情にあふれ、畏敬にみちた関係を結んでいる女性である。彼女の両親は婚前性交や性的な願望も許されないと彼女に教える。彼女はこの道徳観をもった両親を超自我として心の中にたてる。もう一人の女性は、婚前性交を非道徳と考えずに成長した女性である。この二人の女性が、彼女たちに性的願望を起こす男性に会ったとする。前者の場合、性的願望は直ちに抑圧され、意識にのぼることさえない。あるいは抑圧が不十分に行われた場合は、赤面があらわれるだけである。後者の場合、性的願望は意識されるが、ある条件のもとでは、その願望をみたすことは彼女に危険になる。たとえば、社員としての地位を失うかもしれないし、うしろ指をさされるかもしれない。そこで、彼女は願望をみたすことをあきらめる。この二人の女性の場合、不安があるにしても、前者の場合は漠然とした不安であるが、後者の場合は具体的な形をとった不安である。また後者の場合は理性に訴えて、行動をやめているが、前者の場合は理性に訴えることなく、行動は自動的に中止されている。

類催眠状態

ところで、生産機械が大規模になり、人間が自然をますます征服できるようになると、つまり外界を変革できるようになると、自我の能力と強さが増す。弱い自我は超自我や権威の助けを借りて、危険な衝動や願望を押さえつけるが、強い自我は自主的にそれができる。これがフロイトが「有罪判決」といったものである。「有罪判決」では理性的な思考が大きな役割を演じている。

支配階級はその全盛時代には、自我がもっとも発達している。ところが社会における階級対立が深まり、支配階級が合理的・進歩的な機能を果たせなくなると、その階級の自我も発達しなくなる。

一方自我が活動を中止した状態は自我の解体であるが、これは、睡眠中、酩酊者、精神病者でみられる。自我の解体を研究するのにいちばん適しているのは催眠である。催眠術をかけられると、その人に属している判断能力や意志能力は消滅し、催眠術師の言うがままの行動をする。たとえば、なまのジャガイモを出し、これは立派なパイナップルだと言うと、催眠術をかけられた人はそう信じて食べてしまう。要するに、催眠術をかけられた人は、意志がなく、大人に従属している幼児のように振舞っている。一方、催眠術師は、父親か母親の役割をし、相手に対して威嚇的な状況か、あるいは愛情がこもり、保護的な状況を作る術を心得えている人といえる。もし他人に対する戦いに見込みがなく、服従するほうが得策だと思うほど他人が強く、危険なとき、あるいは自分自身が活動することが不必要と思われるほど、他人が愛情がこもり、保護的なとき、自我を行使することは余分になり、自我は消滅してしまう。

催眠は自我解体が極端に進んだ場合であるが、自我解体がそれほど極端にならない場合が、権威関係である。権威に従属している人は、催眠術者に対するように、権威は力強いと感嘆の念をいだいているので、権威にさからって自分自身の自我を行使することができないし、また権威は個人を保護するという使命を引き受けたのだから、個人は自我を行使する必要もない。それゆえ、権威に対する関係は、催眠に似た状況、つまり類催眠状態ということができる。

権威主義的性格

しかし類催眠状態ということばでは、権威が与える独特の満足、すなわち服従と従属の快感は説明できない。イギリスの心理学者マクドゥーガルやドイツの社会学者フィアカントは、この快感を説明するため、生まれつきの服従本能があるという説をたてたが、フロムは、これは人間が人間を支配する必要性を正当化することになるから、納得できないと言った。その代わり彼は、服従する快感、従属する快感、自己の人格を放棄する快感、および絶対的依存は、マゾヒズムの特徴だと言った。マゾヒズムというのは本来は苦痛をわが身に加えて性的満足をうることであるが、フロムは「マゾヒズム」ということばから性的な意味合いをとってしまった。

　ところでフロイトによると、マゾヒズムとサディズム（相手に苦痛を加えて性的満足をうること）は、別々に存在しているものでなく、一枚の貨幣の表と裏のように、同一の個人に存在している。フロイトは「サディストはつねに同時にマゾヒストだ」と言った。とすると、権威に従属している人はマゾヒズム的性格というのは正しくなく、サドーマゾヒズム的性格といわねばならない。フロムはこれを「権威主義的性格」ともよんだ。

　さきに述べたように、性格というものは一定の社会・経済状況に欲求が適応してできたものであるが、個人がある性格をしっかりもっているのは、その性格によってその人の欲求がみたされているからである。そこでフロムは、サドーマゾヒズム的性格の人は、権威主義社会から欲求の充足をえていると考えた。

権威主義社会では、あらゆる人は上から下への階層にわかれている。そこで、サドーマゾヒズム的性格の人は、自分自身の個性を放棄し、自分の幸福を断念して、権力にわが身を捧げ、それに融けこみ、肉体的な苦痛を受けるまでになるこの献身に快感を感じ、満足をおぼえる。しかし一方彼は自分より下にいる人、弱者・女・子供・捕虜・少数民族・動物に命令を下し、苦しめ、悩ませて、快感を感ずる。彼らは相手が権力があると感ずると、自動的にあがめ、愛し、賛美する。一方相手が弱いと思うと、軽蔑し、憎み、攻撃する。社会の頭目は、理屈の上ではどんな命令にも従わない唯一の人であるが、彼も神の命令や運命に従っていると思うと満足感を感ずる。

サドーマゾヒズム的性格の人の基本的態度は、このように権威に対する関係にあらわれるだけでなく、世界観にもあらわれる。彼らは逃れられない運命の見地から世界を見る。零細な商人にとっては、彼らが運命として服従するのは経済の法則である。経済恐慌と繁栄は人間がいかんともしがたいもので、人はそれを甘受する以外にはない。それは人間が介入して変えられる社会現象でなく、より高いものの支配のあらわれである。戦争も逃れられない運命である。運命は、自然の法則、神の意志、道徳的な義務として理屈づけ（合理化）される。

無力感　このようにサド－マゾヒズム的性格の人は、個人や個人の意志の外にある力によって支配されていると考えているから、無力感をもっている。人間の無力感こそ、マゾヒズム哲学の基本的なテーマである。ナチ哲学の父であるメラー＝ヴァン＝デン＝ブルックはこう言った。

「保守的な人間ははるかに懐疑的だ。実現するし、また理性が要求するような進歩のための進歩を信じない。むしろ彼は、破局を避ける人間の無力感、歴史を展開させる強制的な力、あざむかれた楽観論者の恐ろしい幻滅を信ずる。保守的な人間は恩寵の力と恩寵の選択の力だけをたよりにしているが、この力は個々人に配分されているし、また彼らが彼らの問題で成功するには、人間・民族・時代が宿命的に恩寵の星のもとになければならない」。

しかし無力感をもっていることは、勇気がないとか、活動性がないということではない。権威の命令があれば、また神・過去・自然のなりゆき・義務という名があれば活動性を発揮できる。生まれないもの、未来のもの、無力なもの、幸福という名前では、活動性を発揮できない。運命、あるいはその具象化である指導者が課した苦しみを嘆かないで耐えることが、最高の徳である。「運命に従うことがマゾヒストのヒロイズムであり、運命を変えることが革命家のヒロイズムである」とフロムは言った。

以上に述べたように、権威主義社会は、サド－マゾヒズム的性格の土台の上に生まれる欲求をみたしてくれる。つまりマゾヒズム的な人が、より高く、より強い権威に隷属するのは、それによって不安を減らされるからである。

彼は、見通しがきかず、支配できない世界に直面して途方に暮れている。このとき、彼が強い者にしがみつき、それに指導されれば、安らぎをうることができる。また権威と一つになり、自分自身という人間を放棄すれば、力に溢れた驚くべき権威の人格の分け前にあずかることができる。しかしその一方では、彼は自主的に決断できなくなる。いや決断するには及ばない。計画的・積極的に行動し、決断することは自我の特徴であるが、権威主義的な人は、自己を放棄し、自我が弱くなっているため決断できないのである。

権威の特徴

以上は権威に服従する側について述べたが、権威の側について言うと、権威は社会を混沌と崩壊から救うことができるように見せかけねばならないし、征服しがたいものという印象を与えねばならないし、自分はこわい者だということを示さなければならない。すなわち、刑法だけで大衆をこわがらせられないときは、恐怖政治を行わねばならないし、死刑や去勢といった処罰を加えるとおどかさねばならない。また権威は、大衆を服従させるために、自分と大衆との距離を作り、自分は大衆と違った人間であることを示さなければならない。なぜなら、大衆は、権威がこの私に似た者なら、私に感嘆の念を起こさせるはずはないと思うからである。そこで権威は自分は特別の家柄の出であるとか、生まれつきの指導者であるとか、神からつかわされた者だというし、自分を特別の名前でよぶし、畏敬の念を起こす衣服をつける。

けれども権威は強力で、恐怖を与えるだけでなく、道徳的な模範であり、高潔であり、私利私欲がないことを示さなければならない。しかし権威がたとえそうでなくても、素朴な人は、自分たちの支配者は自分自身のためにはなにも欲せず、他人のために欲しているとか、彼は朝早くから夜遅くまで働いていると信じている。子供は、両親は嘘をつかないし、利己的な目標を追求しないし、道徳的だと信じているし、親もまた子供に両親はそういうものだと教える。この結果、権威と道徳的な性質とのあいだに結びつきができ、両親以外の権威も道徳的な性質をもっていると思うようになる。それゆえ、権威主義的性格を作る上では、家族（家庭）は大きな役割を演じているのである。

権威に対する反逆　人がどんなに権威としっかり結びついていても、個人と社会の歴史は反逆の歴史である。フロムは、権威に対する反逆には、つぎの二つの型があるとした。

㈠　革命。自我がマゾヒズム的依存を必要としなくなって、権威主義的性格を捨てる場合。

㈡　反乱。権威主義的性格を捨てないで、権威から離反する場合。

この「反乱」には二つのタイプがある。一つは権威に対するおさえつけられていた敵意が吹き出て来て、今までの権威が憎まれる場合である。この場合は、別の権威があらわれず、どのような権威が出て来ても自動的に反逆する。これは、これまで述べてきた権威主義的性格の陰画だから、「マイナスの権威主義的性格」といえる。しかし彼の反逆は表面的なもので、実際には力のある人を愛したいと思っている。彼は不正な扱いを受けたか、冷酷な仕打ちを受けたために反逆しているのである。だから公平と愛の条件がみたされさえすれば、彼は権威に降服する覚悟をしている。アナキストータイプはこのタイプに入る。

もう一つは、これまでの権威を捨て、新しい権威に向かうものである。この場合は、敵意はこれまでの権威に向かい、愛と驚嘆は新しい権威に向かう。これは「革命」という形をとることが多いが、権威主義的な精神構造は変わらないのだから、「反乱」の爆発であるといえる。そして新しい権威がやがて確立され、古い権威はその地位を失ってしまう。

民主主義的権威

これまでにフロムが述べたものは全体主義的な権威であったが、最後に彼はそれと民主主義的な権威との違いを述べた。さきにも述べたように、全体主義的な権威構造では、権威の担い手と大衆とのあいだには越えられない距離があると考えられている。命令する人と命令される人のあいだには、先天的な違いがある。これに対して、民主主義的な権威構造では、権威の担い手と大衆とのあいだには越えられない溝があると考えられていない。権威の担い手がなしとげた業績は、万人が達成できるものである。したがって、権威は人びとがなしとげようと思ったことをなしとげた人として、愛され、崇拝される。しかし権威とのあいだに距離がないということや、十分に努力すれば同じことを達成できるという感じは、見せかけにすぎない。なぜなら、実際は一定の階層に属している人だけが出世できるからだし、成功する個人の数はきわめて限られているからである。しかし権威に昇ることができるし、近づくことができるという信仰を経済状況が打ちこわさないかぎり、この幻想と民主主義的な権威構造は続く。ところが住民の大多数の経済的困窮が深まり、見せかけの基盤がなくなるとき、全体主義的な権威構造があらわれると、フロムは結んだ。

フロムはここであきらかに民主主義的なワイマール共和国の崩壊とヒトラーの権力掌握を頭において語っているのであるが、本論文では、全体主義的な権威構造の出現について住民の「経済的困窮」と、成功でき、昇進できるという「見せかけの基盤の消失」――具体的に言うと、私はこの会社で重役にやがて昇進できると思っていたが、経済恐慌のために会社が倒産し、そのような幻想も打ちくだかれてしまったということ――を挙げているだけである。

『権威と家族に関する研究』が出版された翌一九三七年、フロムは、この『研究』で再三ふれた無力感について論じた（「無力感について」）。

無力感を示す夢

市民階級の人びとは無力感をもっているが、彼らはそれを意識していない。このため、これは心理学的に研究されなかった。そこでフロムは、それが強く認められる神経症者の分析から出発した。神経症者では無力感は、その人格構造の中核をなしている。彼らは、「私はなんにも影響を与えることができないし、なにも動かすことができないし、私の意志によって外界か、私自身のなかにあるなにかを変えることができない。また私は他人からまじめにとられていない」と言う。ある神経症者が見たつぎの夢は、この無力感をすばらしくよく示している。

「彼女はドラッグストアでなにかを飲み、一〇ドル紙幣で支払いをした。彼女は飲みおえてから給仕にお釣りを要求した。給仕は彼女に『ずっと前にお渡ししましたよ。財布をよく調べてください。そうすれば、見つかりますよ』と答えた。彼女は持物を全部さがしまくった。もちろんお釣りは見つからなかった。給仕は冷ややかな調子で答えた。『あなたがお金をなくしても、私の責任じゃありません。私はそんなことにこれ以上かかわり合うのはご免ですよ』。彼女は怒りでいっぱいになって警官をよぶため通りに出た。彼女は一人の婦人警官に会い、事件を語った。この警官はドラッグストアに行き、あの給仕と談判した。婦人警官はもどってきて、彼女に『あなたがお金を受けとったことはたしかです。よく捜してください』と言った。彼女の怒りは高まった。そこで彼女は別の警官のところへ走って行き、間に入ってくれとたのんだ。この警官は彼女の言うことに耳を傾けず、『そんなことは私の知ったことじゃない』と高慢に答えた。彼女は仕方なくドラッグストアにもどった。そのとき給仕はひじかけ椅子に腰を掛け、落ち着いたかどうかとにやにやしながら尋ねた。彼女は無力な怒りにおちこんで行った」。

無力感を起こす対象　無力感と関係のある対象はさまざまである。まず第一に、それは人間と関係がある。彼は、他人を監督できないし、自分がさせたいと思っていることを他人にさせることができないと思っている。あるいは彼は自分の言うことは他人の心を傷つけることができると思っていない。それで彼は他人が感情を害していることを知るとひどくびっくりする。これは、自分は他人からまじめにとられていないと、彼が確信しているためである。あるいは、彼は、自分には欠陥があるか、愛をうるのに必要な性質をもっていないため、他人の愛や共感をえられないと信じている。しかし実際には、他人の愛をうるため積極的に振る舞わないことに原因がある。

無力感をもっている人は、他人の批判や攻撃から自分を守ることができない。すなわち彼は、他人が自分に向けた批判を正当なものも正当でないものも、簡単に受け入れ、反論することをしない。しかし何時間か何日かたつと、その批判を不当なものと思い、批判を論駁する文句や侮辱に対して言うことができた下品なことばが浮かぶ。だが、いざとなると、反論を口にできず、無力になってしまう。

無力感は自分自身に対する関係でもあらわれる。彼は自分の衝動や不安をおさえることができるとか、自分の性質を変えることができると思っていない。

要するに、無力感をもっている人は、自分の願望を貫徹し、自主的になにかを達成できると信じていない。その結果、なにかを望んだり、欲したりするのをあきらめるほどである。あるいは、これをすれば妻からおこられるだろう、あれをすれば父からおこられるだろうとあれこれ考える。その結果、自分は他人から迫害されていると思うようになる。

無力感の合理化

無力感に伴う不安や悩ましい感情を逃れる道は、合理化（理屈づけ）である。たとえば、無力感があるのは肉体的な欠陥のためだとか、病気のためだとか、子供のときある経験をしたためだとか、失恋したためだと理屈をつける。フロムはこのような理屈づけを「説明的合理化」とよんだ。無力感をもっている人は、またつぎのように考えて自分を慰める。すなわち、外的環境が変化すれば――恋愛や転居をすれば、または新しい年が来れば――突如無力感がなくなり、成功と幸福がえられるだろうと思う（奇跡の信仰）。あるいは時がすべてのことを解決してくれるだろうと考え、自分から決断しないし、努力しない（時間の信仰）。フロムはこのような理屈づけを「慰藉《いしゃ》的合理化」とよんだ。

無力感をまぎらわす第三の道は、はた目には活動的で、勤勉であると見えるほど、やたらに動き回ることである。たとえば、彼が学術論文を書かねばならないとき、机のまえで坐っていず、図書館から何十冊もの本を借りてきたり、何人もの専門家に会って話を聞いたり、研究旅行をしたりして、期待されている仕事はできそうにないという予想からわが身を守る。

フロムは以上に述べたことを、第一次世界大戦後のドイツの社会心理にあてはめた。すなわち、平和条約締結後一年は政治的・社会的な活動がさかんになった。すなわち、新しい憲法、新しい国旗、新しい法律が制定された。とくに新しい指導者は活動的だった。彼らは「実際に働き、現実を変革したのは、自分たちなのだ」と言明した。しかし根底を揺り動かすような変化はなにも起きなかった。やがて無力感が生まれ、努力したかいがなかったことは、結果を期待するのが早すぎたせいだという「時間の信仰」を生んだ。人びとは我慢し、あわてさえしなければ、大きな変化が起こるはずだと自らを慰めた。しかし「時間の信仰」にしがみつくため、現実に起こっていることは見ないようになり、その代わりに「奇跡の信仰」があらわれた。人びとは、人間の努力では物事を変えることはできないと思い、「神のみ恵みをうけた」指導者と状態の激変を期待した。人びとはなにを変化させたいのか、どういうふうに変化させるべきかを知るのをあきらめ、なんらかの激変はなにもないよりもいいし、自分自身たちの努力ではできなかったことを完成させてくれると信じた。とくに中産階級は、戦後経済的地位が低下したため、無力感が強かった。それで「奇跡の信仰」――指導者の出現と一つの変革の期待――も強かった。激変を求めるこの希望こそ、権威主義国家を誕生させた一つの要因であった。

ともあれ、この時期にフロムがもっとも関心をもっていたものは、なぜドイツでファシズム（ナチズム）――当時フロムはこのことばを使わず、「権威主義国家」とか、「全体主義国家」とか、「極端な権威構造」とよんでいた――が勝利を収めたのかという問題であった。この関心は『自由からの逃走』の執筆へ導いた。

III

新フロイト派の形成

『自由からの逃走』

研究所の熱気

フロムは、さきに述べた『権威と家族に関する研究』（一九三六年）の「社会心理篇」と、「無力感について」（一九三七年）を、ファシズムを解明したいという意図で書いたが、この時期（一九三〇年末から一九四〇年代のはじめ）にコロンビア大学社会調査研究所にみなぎっていた熱気を、同研究所の秘書アリス＝マイヤーはこう語っている。

「私たちはみんな、ヒトラーとファシズムを叩かねばならないという観念にいわばとりつかれていました。それでそれが私たちを結集させました。私たちはみんな使命をもっているんだと感じていました。秘書たちも、研究所に来る人たちも、そこで働いている人たちもみなそうでした。この使命が私たちに忠誠と連帯の感情を与えました」（ジェイ『弁証法的想像力』荒川幾男訳）。

フロムは一九三九年社会調査研究所をやめてからも、この使命を忘れることはなかった。一九四一年、アメリカが第二次世界大戦に突入する直前、フロムは『自由からの逃走』を刊行したが、この本は、「ファシズムと戦うためにはファシズムを理解しなければならない」という信念にもとづいて書かれたものである。しかし一方彼にとって、この本は、「分析的社会心理学の方法と課題」

(一九三二年)から「無力感について」(一九三七年)に至る彼の思想の遍歴の集大成であった。その点で、彼の思想を初期から辿ってきた人にとっては、彼がこの本で述べたことは決して目新しいことではなかった。しかしこれが初期の論文と違っていた点は、彼が精神分析的な立場を捨てて、実存的な立場をとったことであった。この点で、この本は新しいフロムの出発点であった。

そこで、これまで述べたことと重複するところはなるべく避けて、この本にもられた彼の思想を見て行こう。

一次的きずなからの分離

われわれは生まれると、母親の肉体から分離し、独立する。しかしこの分離も最初はまだ完全なものではなく、幼児は依然として母親の一部で、母親からいろいろ世話をやかれている。その後子供が発育するにつれて子供は徐々に独立した存在になる。フロムは、こ

『自由からの逃走』訳書初版本(1951年)

のように個人が独立した存在になるまえにつながれていたきずなを「一次的きずな」といい、このきずなから次第に分離する過程を「個性化」といった。一次的きずなが断ち切られるにつれて、子供の心に自由を欲し、独立を求める気持ちが生まれてくる。その結果、子供は肉体的にも精神的にも強くなり、意志と理性によって指導される一つの構造、自我が発達してくる。しかし他方、自分は孤独であり、すべての他人から引き離された存在であることを自覚し、無力感と不安感をいだく。これを克服するために、子供は権威（親）に服従するか（その結果、不安・敵意・反抗が生まれる）、それとも人間と自然に対して自発的な関係を結ぶ。すなわち、愛情をいだくか、生産的な仕事に従事する（この場合、人格は統一性をもち、力強さの感がある）。

個性化の過程は一個人の歴史に見られるだけでなく、人間の系統発生の歴史にも見られる。すなわち、原始人は自然と緊密に結ばれ、自然の一部であった。彼らは住んでいる土地・太陽・星・月・木・花・動物と一体だと感じていたし、血縁で結ばれた集団（氏族）と一体であった。原始宗教は人間がいだいたこのような一体感を示している。これらの一次的きずなは、人間が孤独におちいるのを防ぎ、安定感を与えるが、他方では自由で、自律的で、生産的な個人に発達するのを妨げる。しかし人間が一次的きずなを断ち切り、個性化を押し進め、自由になるにつれて、個人は孤独や不安や無力さにおびやかされ、自由をたえがたい重荷に感ずるようになる。このとき、このような自由から逃れ、不安から救い出してくれる人間や外界に服従しようという強い傾向が生まれてくる。

フロムはこの点を具体的に歴史にあたってくわしく検討した。「キリスト教の教義の変遷」の場合もそうであったが、この場合も歴史にあたって自己の理論をチェックしたことが、フロムの大きな特徴であり、また彼が成功した大きな理由であった。フロムはまず中世の歴史を取り挙げた。

中世社会の「自由」と「個人」　近代社会と比べると中世社会の特色は、自由の欠如であった。中世の人は、一つの階級から他の階級に移ることも、一つの町から他の町に移ることも、不可能であった。わずかの例外を除いて、彼らは生まれた土地に一生涯踏みとどまらなければならなかった。また中世の人は生まれたときから、固定した明確な地位をもっていた。彼らは生まれつき農民であり、職人であり、騎士であって、偶然そういう職業をもった人間とみられていなかった。要するに、中世の人は、一次的きずなによって世界にかたく結びつけられていた。スイスの美術史家ヤーコプ＝ブルクハルトは、中世の人は「民族・人民・団体・家族・あるいはギルドの成員としてのみ――すなわちある一般的なカテゴリーを通してのみ――自己を意識するだけだった」と述べている。

このように中世には近代的な意味での自由はなかったが、彼らは孤独でもないし、孤立してもいなかった。社会の秩序――それは自然の秩序とみられていたが――のなかで、はっきりした役割を果たせば、安定感と帰属感がえられた。

しかし中世末期になると、社会構造が変化しはじめ、それにつれて人間の性格も変わり出した。これはまずイタリアで始まった。イタリアで起こったことについては、経済的な理由があった。すなわち、イタリアはヨーロッパの重要な貿易ルートにあたっていたためと、この国が東洋に近かったので、絹織物などの重要な工業技術がヨーロッパの他の地方より早くにイタリアにもたらされたためであった。この結果、強力な有産階級があらわれ、生まれや家柄より富が重んぜられるようになった。彼らは、自分の経済活動と富によって、自由の感情と個人としての自覚をもった。ここで近代的な意味での個人がはじめて出現した。ブルクハルトはこう言っている。

「国家やこの世のすべてのことを客観的に取り扱うことが可能になった。それと同時に主観的な面もそれに応じて強調されるようになった。人間は精神をもった個人となり、また自分をこのようなものとして認識するようになった」。

すなわち、一次的きずなから個人が脱出し、自己や他人を分離した存在として、つまり個人として認識し、また自然を自分から分離したものとして、つまり征服すべきものか、その美しさを享楽すべきものとして、認識するようになった。

個人主義と、力と富へのあくなき欲望が伸長するにつれて、中世社会が与えていた安定感と帰属感は失われた。同僚との協同一致はそらぞらしい態度に変わり、他人は利用する物に化し、人びとは孤独に、不安になり、人生の意味は疑わしくなった。これをいやすために、名誉を求めるはげしい願望が生まれた。人びとは自分の名がその時代だけでなく、後世にも知られることを望んだ。これは中世にはなかったことであった。たとえば、中世のゴチック寺院の建築家たちは大部分無名のままにとどまっているが、ルネサンス時代の建築技師は自分の名が一般に知られることを望んだ。不安を解消するこの方法は、名声をうる手段をもっている階層だけに許され、無力な大衆に可能な方法ではなかった。

中央ヨーロッパ社会の特色

以上はイタリアについてであるが、中央ヨーロッパではどうだったろうか。中世社会では、職人はギルド（同業組合）に結ばれていた。ギルドの成員は、よい椅子、よい靴、よいパンを作れば、それだけで伝統的に定められた生活水準を保つことができた。ギルドは成員間のはげしい競争を禁止し、原料の仕入れ、生産技術、製品の価格についてお互いに協調することを命じた。しかしこの状態は中世末期になると完全に崩壊した。ギルドの成員のなかには一人か二人の徒弟の代わりに、数人の徒弟をもつ者が出たし、独占的な地位を利用してあらゆる利益をむさぼる者がいたし、ギルドによっては資本をもった者だけを認めるものも出てきた。こうしてギルドの多くの成員は貧困になり、またその徒弟の地位は悪くなった。一人の親方に使われる徒弟がふえたので、親方になるのはむずかしくなり、いっそう多くの資本がいるようになった。こうして彼らの不満は増大して行った。また中世の商業は主として都市と都市のあいだのものだったが、一五、六世紀になると国際的な商業が起こり、商事会社が生まれた。それは優越した資本力によって零細な商人や消費者に脅威を与えた。

一五二四年ルターは『商業と高利貸について』というパンフレットで、「彼らはあらゆる商品をその支配におき、あらゆるたくらみを公然と行使し、意のままに価格を上げたり、下げたりして、零細な商人を圧迫し、破滅させている」と述べている。

また鉱山ギルドの成員も中世では自分のした仕事に応じた分け前をもらったが、一五世紀には分け前の多くは自分で働かない資本家のものになった。農民の状態もこれと変わらなかった。一六世紀初頭には、自分で耕す土地をもった独立した農民はわずかしかいず、他は税金や夫役の重圧に打ちひしがれた奴隷の状態にあった。

資本主義が発展するにつれて、心理的雰囲気にも著しい変化が起こり、不安な落ち着かない気分が生活をおおうようになった。時間観念が発達し、一分一分が価値あるものになった。これをよくあらわしているのは、ニュールンベルクの時計が一五分ごとに鐘を打つようになったことであった。また資本が決定的に重要になったことは、経済や人間の運命が超人間的な力で決定されることを意味した。イギリスの経済史家トーニーは「資本は召使であることをやめて主人になった」といっている。

また競争の役割が増大し、中世の経済組織を支配した協同の原理が失われて行った。だれもが自分で歩み、自分で運命を切り開かなければならなかった。他人は協同で仕事をやる仲間ではなく、競争の相手になり、人はしばしば食うか食われるかの岐路に立たされた。

一五、六世紀の社会的・経済的変化によって個人は政治的・経済的な束縛から自由になり、富を手にすることも、個人的創意を発揮することもできるようになった。しかし資本をもたない中産階級・職人・労働者・貧民は資本主義経済の発展によって、ますます搾取され、ますます貧困になった。彼らは封建的束縛から自由になったが、中世社会が与えていた安定感と帰属感を失い、彼らの力ではいかんともしがたい資本の力や市場の力におびやかされて、無力感や孤独感を味わった。世界は恐怖にみちたものになり、仲間との関係にも、競争心が巣くい、敵意にみちたそらぞらしいものになった。彼らは、果てしない恐怖にみちた世界に、ただ一人でほうり出された異邦人のような気持ちになった。このようなときにあらわれたのが、ルター主義とカルヴァン主義であった。

ルター主義

フロムは、宗教的教義や政治的原理の心理学的分析をするときには、その原理が真理かどうかという判断は含まれないと言った。心理学的分析は、(1)新しい教義を創造した個人のどういう性格特性が、その思想の独特な傾向を生んだのか、(2)ある教義（あるいはある思想）が、それを受けとる側のどういう欲求に訴えたのか、を解明することを目指す。受け取る側の力強い欲求に応えないような思想は、その人の行動や生活に対してほとんど影響を及ぼさないとフロムは主張した。

ところで、宗教改革以前には、カトリック教ではつぎのような考えが行われていた。すなわち、人間の性質はアダムの罪によって堕落したが、もともとは善を求めており、また善を求める意志の自由をもっている。人間の努力は救済に役立ち、また教会の秘蹟（洗礼・聖体・悔悛等の儀式）によって罪びとは救われる。また人間は神のようになることができるし、人間は神に似ているという点で、平等であり、兄弟であると考えた。

マルチン＝ルター

これに対して、ルターは、人間の本性は生まれながらにして悪であり、背徳的であって、善を選ぶ自由が欠けていると説いた。人間は自分の努力ではどのような善もなしえない無力な者である。人間は神がのり移れば神の意志のままに動き、悪魔がのり移れば悪魔の意志のままに動く。どちらの乗り手のほうに行くかを決める意志の自由は人間にはない。それは乗り手自身が決めることである。それゆえ人間は神の意志に対しても、悪魔の意志に対しても、とらわれの身、奴隷、召使である。しかしこのように、私は、自分の努力ではいかなる善もなしえない、腐敗し、無力な者であると確信することが、神の恩寵が成立する本質的な条件であった。つまり自分をけなし、個人的な意志とおごりを捨てるとき、あるいは自我を滅却し、神に完全に服従するとき、救済が与えられる。これは、国家や指導者に絶対的に服従すれば救われるという原理と多くの共通点をもっている。

カトリック教会では、教会を個人と神を結ぶ媒介物と考えていた。ところがルターは教会の権威を否定し、個人を直接神に立ち向かわせた。つまり、人びとを教会という権威から解放し、その代わりに神というさらに専制的な権威に従属させた。ルターが権威を憎み、同時に権威を愛したことは、彼の政治信念にもあらわれている。彼は皇帝に対する賛美を表明した。彼は、「権威をもった人間がたとえ悪虐で、無信仰であっても、その権威と力は善なるものであり、神から与えられたものである」とか、「君主はどんなに暴君であっても、依然として君主たるべきである。君主は、ときには少数の者を殺さざるをえないこともある」と言った。一方彼は無力な大衆を嫌悪し、軽蔑していた。とくに大衆が限度を越えて革命的意図に出たときはそうであった。「神はたとえどんなに正当なものであろうと、群衆に暴動を許し給うより、どんなに悪虐なものでも、支配を存続させるほうを選び給うであろう」と言った。権威に対する愛着と無力な人間に対する憎悪が同時に存在することが、「権威主義的性格」の特徴であるが、ルターはこの典型であった。

人間の努力の有効性を強調した中世カトリック神学は、自己の経済的地位の向上によって力と独立の感情をもった社会階層の精神を反映していた。これに対して、ルターの神学は、教会の権威に反抗し、新しい有産階級に怒りを感じ、資本主義の勃興に無力感を感じていたが、下層階級と違って、社会の転覆を望んでいなかった中産階級の感情をあらわしていた。それゆえ、ルターの教義は中央ヨーロッパの中産階級の支持をえたのである。

ジャン＝カルヴァン

カルヴァン主義

カルヴァンも、ルターのように教会の権威を盲目的に受け入れることに反対し、自我を否定することが神の力に頼る手段であると説いた。

「われわれはわれわれ自身のものでない。……われわれは神のものである。それゆえ、われわれは神のために生き、神のために死のう。……もし人間がみずからに従って行動するなら、それは人間を破滅させるもっとも恐ろしい害悪であるから、自分自身でなにかを知ったり、欲したりするようなことなく、神によって、導かれることだけが、救済の訪れる唯一の道である」（『自由からの逃走』日高六郎訳）。

カルヴァンはまた、神はある者には恩寵を与えようと予定し、他の者には永劫の罰を与えようと予定しているという予定説を説いた。そして救済か罰かは、人がこの世で善行をつんだか、悪行を行ったかの結果でなく、人が生まれる以前に神によって予定されている。神がどういう者を選び、どういう者を選ばないかは、人間がさぐってはならない秘密である。この予定説は、個人の無意味さと無力さ、人間の意志と努力の無価値さ、人間の不平等さ、そして神の専横と残酷さを示している。したがってカルヴァン主義者は、自分たちは選ばれた者であり、他の者は神によって罰を与えられた者だと考えた。この信仰は、心理的には、選ばれない人間に対する軽蔑と憎悪を示していることはあきらかである。

カルヴァンはルターと違って道徳生活を強調した。人間はたえず神のことばに従って生活し、その努力を怠ってはならない。これは、人間の努力は救済の役には立たないという教義と矛盾するように見える。むしろ、なんの努力もしないほうがふさわしいように見える。しかし心理学的に見るとそうでない。不安感、無意味感から逃れる唯一の道は、なにかをすることである。つまり無力感を克服するために活動するのである。それは、不安からの死にもの狂いの逃避である。この努力ははじめは道徳的な努力であったが、のちには仕事の上での成功か失敗かに重点がおかれるようになった。そして成功は神の恩寵になり、失敗は罰のしるしになった。

努力や仕事自体を目的にすることは、中世以後にあらわれたものである。古くは仕事は奴隷によってなされ、働くことは自由人のなすことではなかった。中世では日々の糧をうるために働き、生活水準を維持する以上に働くことはなかった。外的強制より内的強制によって働くことこそ、蒸気や電気に劣らず、資本主義的生産を推進させた原動力であった。

個人の無力感を強調したカルヴァンの教えは、ルターの教えと同じく、不安や無力感をもっていた中産階級の人に訴えた。しかし彼らは不安や無力感の他に、高位の聖職者や少数の資本家にはげしい敵意と反感をいだいていた。けれども彼らは、この敵意を下層階級の人のように直接表現できなかった。下層階級の人は、自分たちを搾取する金持をにくみ、彼らの権力を転覆させようとしていたが、中産階級の人は保守的だったから、社会が安定することを願い、社会を転覆させる気はなかった。彼らは経済発展のおすそわけにあずかりたいと思っていた。そのため敵意は抑圧された。しかし抑圧されたからとて敵意はなくならず、意識されないだけのことである。

ルターとカルヴァンは、人間の上に絶対的な権力を振るい、人間に服従と卑下を要求する絶対的な神を描いたが、これは中産階級の敵意と反感が投射されたものであった。カルヴァンは一五三六年から約三〇年間ジュネーブで市政全般の改革を指導したが、それは万人の万人に対する猜疑と敵意で特徴づけられ、愛や同胞の精神はほとんど見られなかった。彼は、酔っぱらい、踊り子、宗教を冒瀆する者を破門し、科料に処し、獄に下し、異端者を死刑に処した。たとえば一五四二年から四年間に五八人が処刑され、七六人が追放された。また親をなぐったからとて、子供まで首をはねられた。カルヴァンはまた、貧民に対していささかの憐みをもたず、彼らは怠惰だと非難した。上に述べた敵意は神に投射されたり、他人に向けられるだけでなく、自分自身にも向けられた。

ように、ルターやカルヴァンは人間の罪悪性を強調し、極度の自己卑下を説いたが、これは自己に向けられた敵意のあらわれであった。そこで人はこの罪業を償うため快楽や幸福を断念し、たゆまない努力をしなければならないとされた。すなわち世俗的な禁欲主義と義務感が強調された。

「からの自由」と「への自由」

要するに、中世の封建社会が崩壊したとき、人びとは自由になったが、その反面孤独になり、不安におちいった。資本主義の発生は中産階級にもっとも大きな打撃を与えた。彼らは無力感と個人の無意味感をもち、また上層階級のぜいたくと権力に憎しみをもった。プロテスタントは中産階級が感じていたことを表現しただけでなく、体系化した。そのためにそれは中産階級の人に訴えたのである。プロテスタントは、人間の無力さを強調し、神に完全に服従することによって救われると説いた。一方、この教義によって、彼らに、仕事への衝動、超個人的な目的のための道具になろうとする傾向、禁欲主義、義務感といった性格特性が生まれ、これが、資本主義的生産を推進させる原動力の一つになったのである。

フロムは、一次的きずなから断ち切られることを「からの自由」、あるいは消極的自由とよんだ。これが進展すると、上に述べたように、人は無力なアトムになり、無力感と孤独感にさいなまれる。これに打ち勝つ道は二つある。第一は、「への自由」、すなわち積極的な自由に進むことである。つまり愛情や仕事によって自分と世界を結びつけることである。こうして人は、ふたたび世界や自然と一つになることができる。第二は、耐えがたい世界から逃避することである。それは、恐怖や不安から免れさせてくれるが、自我の統一性を失わせるという欠点がある。フロムはこの逃避のメカニズムとして、(1) 権威主義、(2) 破壊性、(3) 自動人形的同調性の三つをあげた。

権威主義　権威主義というのは、自我の独立性を捨てて、自己を自分の外部にある力、他の人びと、制度等と融合させることである。いいかえると、一次的きずなの代わりに二次的きずなを求めることである。このメカニズムは、服従と支配、マゾヒズムとサディズムという形であらわれる。

さきの論文『権威と家族に関する研究』では、フロムはマゾヒズムを権威に献身することに快感を感じ、満足を覚えること、サディズムを他人を苦しませ、苦しみと関係のある感情を表明させることに快感を感ずることと、快感に重点をおいて定義した。しかしこの論文では、マゾヒズムは自分自身を小さく、弱くし、事物を支配しないようにすること、あるいは自分を無力で、重要でないものとし、自分の外にある強力なものによりかかろうとすること、一方サディズムは他人を支配し、思うままにあやつること、あるいは他人を抹殺して、安全を獲得することと、快感という見地をぬきにして定義した。

サディズムとマゾヒズムは一見正反対の傾向のあらわれのように見えるが、根本的には同一の願望のあらわれである。すなわち、個人には耐えられない孤独感や無力感から逃れようとする傾向のあらわれである。そしてサディズムとマゾヒズムの目的は、他人との共生、つまり他人と一つになることである。いいかえると、彼らは孤独感や無力感をいやすために相手と一つになり、独立した個人としては欠けていた力を得ようとする。このようにサディズムとマゾヒズムは同一の要求に根ざしているから、同一人が、あるときはサディズム、あるときはマゾヒズムを示すのである。あるいはサディズムとマゾヒズムのあいだを振子のように揺れ動く。フロムはサドーマゾヒズム的傾向が優勢な性格を、さきの論文でと同じく権威主義的性格とよんだ。

ここで権威というのは、ある人が他の人を自分より優越しているとして見上げる人間関係をいう。フロムはさきの論文では民主主義的権威と全体主義的権威の二つにわけたが、今回は合理的（促進的）権威と非合理的（禁止的）権威の二つにわけた。前者は教師と生徒の関係のように、利害が一致し（教師も生徒も学力をのばすことを目指す）、また時間がたつにつれて両者のギャップが縮まる（生徒が学べば学ぶほど教師の学力に近づく）関係をさし、後者は奴隷所有者と奴隷のように利害が反し（一方は搾取し、他方は搾取されまいとする）、関係が長びくほど両者のギャップが拡大する関係をいう。また前者では、その根底にある感情は愛・賞賛・感謝であり、後者では反感と敵意である。しかし後者では、この反感と敵意が賞賛にかわることが多い。なぜなら、この私を支配する人間が賞賛すべき完全な人物なら、私は彼に服従するのを恥じるには及ばないからである。以上述べたことからわかるように、合理的権威は民主主義的権威に、非合理的権威は全体主義的権威にあたる。

ところで権威主義的性格はつぎの特徴を示す。

(イ)　権威主義的性格の人は、世界を力をもったもの（人・制度）と力をもたないもの、優越と劣等の二分法で考える。ここで力とは、支配する能力となにかをする能力のことである。彼らは力をもったものには服従し、それを賞賛するが、力をもたないものを見ると攻撃し、支配し、絶滅したくなる。彼らは相手が無力になればなるほどいきりたつ。しかしいかなる権威に対しても挑戦し、それに反感をもつ人もいる。これは権威と戦うことによって自分の無力感を克服する試みである。フロムはさきの論文ではこのような性格をマイナスの権威主義的性格とよんだが、この論文では反逆者とよび、権威主義的性格の一種と考えた。

(ロ)　権威主義的性格の人は、運命に服従することを好む。この運命は、自然、神の意志、義務として合理化（理屈づけ）される。これについては、さきに述べた（九七ページ参照）。

(ハ)　権威主義的性格の人は、行動や勇気が欠けているわけではない。彼らは、生まれないもの、力のないもののために行動をしないが、神・自然・義務の名において行動する。また勇気は、指導者が決定したことを不平を言わずに耐え忍ぶことである（九八ページ参照）。

破壊性　これはサドーマゾヒズムのように対象との共生ではなく、対象を排除することである。これも、外界に対する無力感や孤独感にもとづいている。外界に対する無力感は、外界を破壊すれば、いやすことができる。破壊は、外界の恐怖を除く自暴自棄的な最後の試みである。しかし破壊性には、自分や他人の生命、あるいは自分と一体になっている思想が攻撃されたとき、その攻撃に対する反応として発動されるものもある。このような破壊性は、自然で、必然的だから、ここでは論じない。ここで問題になるのは、人間の中にひそんでいて、機会があれば、とび出て来る一つの激情である。このような破壊性は義務・良心・愛国心として偽装されることが多い。またこのような破壊性は、どんな対象にも向かい、その対象が選ばれる理由はたいして重要でない。もし他人が対象にならないと、破壊性は自分に向かい、病気を起こしたり、自殺をはかったりする。破壊性は民族によっても、社会階層によっても違う。たとえば、ヨーロッパでは下層中産階級の破壊性は、労働者階級や上層階級よりも強い。カルヴァンの描いた無慈悲な神は、中産階級のこの破壊性の投射であったことは、さきに述べた（一二二ページ参照）。

自動人形的同調性　これは、他の人びととまったく同じような、あるいは他の人が彼に期待するような状態になりきってしまうことである。つまり個人が自分自身であることをやめてしまうことである。これはある種の動物に見られる保護色に比較できる。つまり彼が自己を捨てて自動人形になり、周囲の人びとにすっかり似てしまうと、彼だとはわからなくなる。まわりの何百万の人と同じになった人は、孤独感や不安感を感じなくてもすむ。

人間は自分は自由に考え、感じ、決断していると思っている。しかし自分が考えていることは他人のうけ売りであり、自分の感情はその場をつくろう方便であり、自分の決断は、外部から示唆されたものであることは多い。つまり自分の思考・感情・意志は自分自身のものでなく、外部から与えられたものである。このように本来の行動がにせの行動におきかえられると、ついには本来の自己がにせの自己におきかえられてしまう。本来の自己は精神的な諸活動の創造者であるが、にせの自己は他人から期待されている役割を自己の名で行う代理人にすぎない。こうして自己の喪失が起こる。要するに、人は外部の世界に同調して、孤独感や無力感をさしあたりいやすのに成功する。しかし同調の結果自己を喪失し、無力感・不安感が増大する。そこでこれを克服するために、彼は新しい権威に従属し、安定感をえようとする。

ナチズムの研究

フロムは逃避のメカニズムを述べてから、ナチズムの心理の解明に向かった。彼はこの解明にあたって、心理学はナチズムのような政治・経済的な問題を解明できないという説や、逆にナチズムは主として心理学の問題だという説に反対した。第一の説によると、ナチズムは、ドイツ帝国主義の膨脹傾向の結果か、あるいは工業家とユンカー（大土地貴族層）に支援された一政党による国家権力の奪取とされた。つまり多数の民衆に対する少数者の強圧の結果とみなされた。第二の説によると、ナチズムは、心理学か精神病理学によってしか説明されないとされ、ヒトラーとその追随者は狂人か神経症者とされた。フロムは上の第一の説のように、政治・経済的要因を強調するあまり心理的要因を排除してしまう説も、第二の説のようにその逆も正しくないと主張した。

彼はナチズムは心理学的な問題であるが、心理的要因自体は社会・経済的要因で形成されたものであり、またナチズムは政治・経済的な問題であるが、それが人びとの心をとらえたのは心理的基盤から説明されなければならないといった。そこで彼は、(1)ナチズムが訴えた人びとの性格と、(2)それほど人びとに訴えたナチのイデオロギーの心理的特徴を解明した。

中産階級の性格　ナチのイデオロギーにもっとも共鳴したのは、商店主・職人・ホワイトーカラーからなる下層中産階級であった。なぜ彼らが、ナチのイデオロギーに魅せられたかは、彼らが共有していた性格（社会的性格）に求めなければならない。彼らの性格は、貴族階級・上層中産階級・労働者階級の性格と異なっていた。下層中産階級の性格の特徴は、強者への愛、弱者に対する嫌悪、小心、敵意、金にけちくさいこと、そして禁欲主義であった。彼らの性格は労働者階級と違っているといっても、これらの性格が労働者階級にみられないということではなく、労働者階級でそういう性格を示すものはわずかであった。権威への愛や金にけちくさいことは、労働者階級にもおだやかな形であるが、見られた。

下層中産階級に共通してみられた性格は、第一次世界大戦前から変わらなかったが、服従の欲望と権力の渇望は戦後の事件で強められた。戦前、君主制はゆるぎのないものであった。下層中産階級はそれによりかかり、それと一体になって安定感をえていた。また宗教や道徳の権威はしっかりしていたし、家族も揺り動かされず、それは敵意にみちた世界の中で安全な避難場所であった。こうして現存する権威への服従と忠誠によって、彼らのマゾヒズム的衝動はみたされたのである。

第一次世界大戦後、この状態は大きく変化した。まず第一に、下層中産階級の経済的地位は低下した。とくに一九二三年に頂点に達したインフレーション（一九二〇年代一ドルは四マルク、二一年夏七五マルク、二二年四〇〇マルク、二三年一月一万八千マルク、七月一六万マルク、八月百万マルク、一一月四〇億マルク）と、一九二九年に始まった恐慌によって、彼らの経済的地位は、はげしい打撃をうけた。

君主制と国家は彼らを支える固い岩であったが、その崩壊は彼らの生活の基盤をゆるがしてしまった。皇帝が公然と罵倒され、士官が攻撃されたとき、また国家が形態を変え、「赤の煽動者」が閣僚になり、馬具師エーベルトが大統領になったとき、小市民はなにも信用できなかった。インフレの高進は国家の権威をゆるがしたし、彼らが重視していた倹約の原理に大きな打撃を与えた。わずかの快楽を犠牲にして長年かかってためたお金が、パン一斤、ニンジン一束も買えないほどの貨幣価値になったとき（一九二〇年一ドル四マルク、二三年一ドル四〇億マルクが、その後は何兆マルクにもなった）、彼らはなにも信用できなかった。家族もまた粉砕された。下層中産階級の経済状態は破綻したため、両親は子供を扶養できなくなった。その結果、両親は家庭内での権威を失った。また両親が尊敬するように教えた権威が弱体であることを暴露したとき、両親も威信と権威を失った。若い世代は勝手に行動し、自分たちの行動を親が是認するかどうか眼中におかなかった。

こうして下層中産階級のうらみ、憤り、無力感、不安感は増大した。この社会的不満は外部に投射され、ヴェルサイユ平和条約は不正だという声になった。平和条約に対する憤りは、下層中産階級には強かったが、労働者階級では強くなかった。なぜなら、労働者階級はそれによって政治的・社会的地位が向上したからである。労働者階級の地位の向上の結果、下層中産階級の威信は相対的に低下した。この結果、彼らは見下すべき人がいなくなった。これがまた彼らの不満を増大させた。

以上のような心理的条件は、ナチの原因ではなかったが、このような心理的条件がなければナチは発展することはできなかった。ナチの勃興と勝利を全面的に分析しようとするなら、政治・経済的な諸条件も分析しなければならない。しかし彼は、彼の本の性質上、それについては、工業家と

アドルフ＝ヒトラー

ユンカーの役割を指摘するにとどめた。

ナチ－イデオロギーにおけるサディズム　次に、彼は下層中産階級の心をとらえたナチ－イデオロギーの心理的特徴を、さきにプロテスタントの教義を分析したときのように、分析した。分析の資料として彼は、ヒトラーの自叙伝『わが闘争』(一九二五、二七年)を利用した。それは、ナチ研究の第一級の資料だからである。

ヒトラーは権威主義的性格の極端な形を示している。これは、上に述べたように、サディズム的衝動とマゾヒズム的衝動の同時的存在である。サディズム的傾向は『わが闘争』の随所に見られる。彼は大衆をサディスティックに軽蔑した。

「弱い男を支配するよりは強い男に服従しようとする女のように、大衆は哀願する者より支配する者を愛し、自由を与えられるより、どんな敵対者も容赦しない教義のほうに内心でははるかに満足を感じている。大衆はしばしばどうしたらよいか途方にくれ、たやすく自分たちは見捨てられると感じる。彼らは厚顔無恥な精神的テロや、人間的自由をしゃくにさわるほど侵害されていることに気づいていない」（平野一郎・将積茂訳、角川文庫版、上、七五ページ）。また「大衆が望んでいるのはより強い者の勝利とより弱い者の絶滅、あるいは無条件的な隷属である」（同上書、上、四八一ページ）。

ヒトラーの政権獲得に大きな役割を演じ、のちナチ－ドイツの宣伝大臣として辣腕をふるったゲッベルスはその自伝的小説『ミハエル』のなかで、「民衆は上品に支配されること以外なにも望まない」といい、ドイツ労働戦線の指導者ライは、「われわれは支配することを欲し、支配を享楽したいと思う」と言った。さきに述べたように、他人を完全に支配し、その絶対的支配者になることはサディズムだから、以上のようなことばは、ヒトラーならびにナチ指導者のサディズム傾向を示している。

しかし大衆もサディズム的満足を奪われていなかった。ナチ－ドイツの指導層がドイツの大衆を支配するように、これらの大衆は他の国民を支配するよう運命づけられている。

ヒトラーは言う。

「人類の最初の文化が飼いならされた動物よりむしろ、より劣った人間の使役にもとづいていたのは確実である。征服された人種の奴隷化ののちにやっと同じ運命が動物にも見舞ったのであり、多くの人がおそらく信じたがっているように、その逆ではなかった。……だからアーリア人種がより劣った民族と遭遇して彼らを征服し、自分の意志に服従させた場所に、最初の文化が生じたのは少しも偶然でない。……アーリア人種が支配者の地位を断固として固執しているかぎり、支配者としてとどまっただけでなく、文化の保持者、推進者の地位を保ち続けた。……アーリア人種は彼らの血の純粋性を放棄するとともに自分自身のために創造した楽園を失った。彼らは人種の混血によって没落し、徐々にますます自分の文化能力を失い、ついには精神的だけでなく肉体的にも、自分たちの祖先に似るより、むしろ被征服者や原住民により似始めた。……混血、およびそれによってひき起こされた人種の水準の低下は、あらゆる文化の死滅の原因である。……この世界ではよい人種でないものはくずである」(同上書、上、四一九〜四二一ページ)。ヒトラーによると、「くず」はユダヤ人とスラブ人であった。したがって、ドイツの大衆はこのような「くず」を支配できるし、支配すべきである。ヒトラーは『わが闘争』の結語で絶叫した。

「人種堕落の時代に自国の最善の人種的要素の保護に没頭した国家は、いつか地上の支配者になるに違いない」(同上書、下、四四七ページ)。

ヒトラーは、ワイマール共和国は弱体であるがゆえに嫌悪し、工業や軍隊の指導者は力をもっているがゆえに尊敬した。一方彼は力のない者は軽蔑した。たとえば彼は、強力な大英帝国をあえて攻撃しようとしたインドの革命家を軽蔑していた。

「一九二〇年〜二一年当時突然民族主義者の仲間のなかで、イギリスはインドで崩壊寸前にあるという子供じみた、そして理解に苦しむ希望が浮かびあがってきた。当時ヨーロッパをうろつき回っていたアジア人のだれともわからぬ香具師《やし》連中——本物のインドの「自由の闘士」といって差支えないのだが——が平生はまったく理性的な人間の頭の中にまでも、インドを土台石としている大英帝国が他ならぬそのインドで崩壊寸前にあるという固定観念を注ぎこむことをやってのけたのである。……イギリスが最後のものまでつぎ込まずにインドを放棄するなどと空想するのは、世界大戦からぜんぜん学ばなかったという不幸な徴候だし、またアングロサクソン人種の決意の固さを完全に誤解し、認識していないという不幸な徴候である。……イギリスは自己の支配機構の中で人種的解体の運命をたどるか、あるいは強力な敵の剣によって征服される場合にのみ、インドを失うだろう。しかしインドの扇動者連中にはこのことは成功しないだろう。……自国の生存のため必要ならば最後の血の一滴まで注入する決意をしている強力な国家を、かたわの国家の連合によって包囲攻撃することなどまさしく不可能である。私はこれらの『被抑圧諸国民』が人種的に低級であることをすでに認識しているので、自己の民族の運命をそれら国民の運命と結びつけることはできない」(同上書、下、四〇一〜二ページ)。

ヒトラーはイギリスが強力と感じられるあいだは、イギリスを愛し、賛美していた。ところが一九三八年九月ミュンヘン会談で、ときのイギリス首相チェンバレンがズデーテン地方(チェコの一部)のドイツへの割譲を認め、対独宥和政策をとり、弱腰を示して以来、ヒトラーのイギリス賞賛はイギリス嫌悪と攻撃に変わった。ここにヒトラーの権威主義的性格が遺憾なく発揮されている。

熱狂的歓迎をうけてスデーテン地方に入るヒトラー（1938年）

ヒトラーは一九一九年ナチ党の前身であるドイツ労働者党というミュンヘンのちっぽけな政党に加入したときのことを、軽蔑と皮肉をこめて書いている。「いやはやである。これはもっとも悪い様式と種類のクラブだった。私はこんなクラブに入るべきだろうか」（同上書、上、三一三ページ）。二日考えたのち、彼はこの党に入り、番号七と書いた党員証をもらった。

ナチ－イデオロギーにおけるマゾヒズム

サディズムの側面マゾヒズムも、ナチのイデオロギーに見られる。大衆はくり返しくり返し、個人はとるに足りないものと聞かされ、個人は自己の無意味さを認め、自己をより高い力のなかに解消し、このより高い力の強さと栄光に参加することを誇りにしなければならないと言われた。ヒトラーは「理想主義だけが、人びとに力と強さの特権を自発的に承認するようにさせ、また人びとを全宇宙を形成するあの秩序のなかの一片の塵にさせる」（同上書、上、四二六ページ）と言った。個人を犠牲にし、個人を一片の塵、あるいは微分子にさせることは、個人的な意見・利益・幸福を主張する権利を放棄することを意味する。だから人びとは「子供のときから、苦しみや侮辱をも黙って耐え忍ばなければならない」（同上書、下、七二ページ）とされた。ヒトラーはまた「人間が犬や馬や猫の飼育向上にこれ以上熱中せず、人類自身の向上に気を使うようなあの貴い時代、ある者は知りつつだまって断念し、他の者は喜んで身を捧げて子供を作るという時代の実現に成功しなければならない」（同上書、下、五七ページ）と強調した。

ヒトラーはマゾヒズムの基調をなす無力感や孤独感を鋭く見抜き、それを進んで利用しようとした。

「新しい運動の支持者になろうとするとき、個人は孤立的な感じがして、自分一人でないかという恐怖にとらわれがちである。彼は大衆的集会ではじめてより大きな同志の集まりを見て、たいていの人を力づけ勇気づけるものを受けとるのである。

ドイツ労働者党本部（ミュンヘン）

このような理由だけからも、大衆的集会は必要である」（同上書、下、一五六ページ）。

マゾヒズムのあこがれは、ヒトラー自身にも見られる。ピラミッドの頂点にいるヒトラーにとって、服従すべき優越した力は、神・運命・必然・歴史・自然であった。彼は『わが闘争』の冒頭で言う。「運命が私の生誕地としてイン河畔ブラウナウを指定したことは、私にとって幸運であった」（同上書、上、一二ページ）。また他民族と混血することは「永遠の創造者の意志に反した罪を犯すことに他ならない」（同上書、上、四〇八ページ）、と言っている。

第一次世界大戦後ドーズ案（アメリカの政治家ドーズが作成したドイツの賠償金支払案）やロカルノ条約（ドイツ－フランス、ドイツ－ベルギー間の不戦条約）を成功とみなすような空気が作られた。しかし「天を買収することは不可能だった。天の祝福はやって来なかった。その後困窮と不安がわが民族の変わらざる同伴者になってしまった」（同上書、下、四二〇ページ）と、「天」の声に恐れおののいた。

「運命」や「天」よりヒトラーに感銘を与えたものは、「自然」であった。人間は自然を征服したというのが歴史の流れなのに、彼は自然は征服できないと強調した。

「人間は自然を征服したことなどなく、せいぜい自然の永遠のなぞと秘密をおおいかくしている途方もない、巨大なベールのあの端、この端をつかみ、持ち上げているにすぎない。……人間は自然を支配せず、個々の自然法則や秘密についての知識にもとづいて、こうした知識がまったく欠けている他の生物の支配者に上ったにすぎない」（同上書、上、四〇九ページ）。すなわち、自然はわれわれが服従しなければならない偉大な力とみなされている。

以上に述べたことから、ヒトラーは、弱いものを支配したいという願望と圧倒的に強い外部の力に服従したいというあこがれをもっていたことがわかる。これはまたナチのイデオロギーであった。このイデオロギーはヒトラーの性格構造から来たものである。このイデオロギーが下層中産階級の人びとに訴えたのは、彼らがヒトラーと同じ性格をもっていたからである。しかし下層中産階級の人びとを満足させたのはナチのイデオロギーだけではなかった。ナチの政治が、イデオロギーが約束したことを実現して行った。一つの階層制度が作られ、すべての人が自分の上に従うべきものをもち、自分の下に支配できるものをもつようになった。大衆には服従すべきものとして総統（ヒトラー）がおり、支配できるものとして劣等民族（ユダヤ人等々）がいた。一方ピラミッドの頂点にいる人、総統は服従すべきものとして運命、神の摂理、歴史、自然をもち、支配するものとして大衆をもった。かくして、ナチのイデオロギーは一部大衆の、支配したい服従したいという欲望をみたし、また支配や服従を喜んでいないが、人生や自己の決断やその他一切のことに自信を失っている人には指針を与えたのである。

要するに、国家・家族といった、一次的きずなを失い、自由になって無力感と孤独感を味わった下層中産階級は、自由を捨て、ヒトラー総統という新しい権威に服従し、それと一体化したのである。

以上述べたことを図式的に示すと、こうなる。一次的きずなの喪失──→一方で自由、他方で孤独感・無力感・不安感──→（これをいやすため）新しい権威への服従、外界破壊、周囲の人との同調（一三六ページの写真は、この服従と同調をよく示している）。

フロイト理論の修正

フロムは『自由からの逃走』でこれまでのフロイト的な立場を捨て、独自の立場を打ち出したが、これとフロイトの立場（あるいはこれまでのフロムの立場）との相違はつぎの諸点であった。

機械論的唯物論

フロイトは、個人を他人との関係においてとらえた。つまり人間は社会的存在である。人間が社会的存在であるのは、自己保存本能と性本能――フロイトはとくにこの後者を人間をつき動かす基本的な動因と考えた――をみたす上には、他人が必要だからである。つまり人間は充足を必要とする生理学的欲求を身につけてあらわれ、この欲求をお互いにみたすために他人と関係をもつ。だからフロイトによると、他人は自己の目的を達成するために二次的に必要なものにすぎない。フロイトが描くこのような人間関係は、市場における人間関係に似ている。個人は他人をお客として、使用人として、雇主として必要とする。つまり人は売り、買い、与え、受け取って、お互いに経済的欲求をみたす。そしてこの関係を調整するのが市場――商品市場であれ、労働市場であれ――である。この場合、他人は自己の目的のための手段にすぎない。フロムは、フロイトが考えた性的人間

（ホモ－セクシュアリス）は経済人（ホモ－エコノミクス）の一変種だと考えた。

フロムは、フロイトが生理学的欲求を重視したのは、一九世紀の機械論的唯物論によるところが大きいと考えた。ここで機械論的というのは、生体には物理学的・化学的な力以外のどんな力も働いていないということである。この見地は、一九世紀に確立されたエネルギー保存の法則を生物学の分野にもあてはめ、それ以前の世紀に幅をきかせた「生命力」といった概念を排除しようという見地である。

この機械論的唯物論の見地を精神現象の分野にあてはめるなら、精神現象はなんらかの生理学的過程のあらわれであり、この生理学的過程が解明されれば、精神現象も解明されることになる。フロイトは精神障害を研究し、その根幹に性エネルギー（リビドー）の流れの異常があることを発見した。これは機械論的唯物論の見地にも合致していた。だからフロイトが性という生理学的欲求を重視したのは、彼としては当然のことであった。

実存的見地

これに対してフロムは、心理学の中心問題は生理学的な欲求がみたされるとか、みたされないとかいったことでなく、個人と外界との関係だとした。このことは、フロイトの生物学的な志向、つまりリビドー理論を捨てるということを意味したし、欲求という次元から人間をとらえないことを意味した。その代わりに彼は、実存という次元から人間の心理をとらえようとした。ここで実存というのはこの世における人間の存在、パーソナリティ全体ということであるが、人間の存在の特徴は、死ぬことを知っていること、孤独であること、無力であること、不安であることである。人間のこの特有なあり方のため、個人は他の個人や外界と関係をもとうとする。フロムの心理学では、無力感が中心的なテーマであった。

フロムが無力感を重視した背景には、初期マルクスの疎外の概念があった。この概念は一九三二年アドラツキーの監修になる『マルクス・エンゲルス全集』の第三巻に収録された『経済学哲学草稿』に由来し、当時正統派マルクス主義者からは、軽視されたが、フロムの同僚マルクーゼが大いに注目した概念であった（マルクーゼ『史的唯物論の基礎づけのための新資料』一九三二年）。一九三七年、フロムは「無力感について」のなかではじめてこの概念にふれ、こう言っている。

「市民階級の人びとは、これまで知られていない規模で自然を征服し、……豊かさを作り出し……物質的欲求をみたせる可能性を作った。しかし彼自身のこの創造物はよそよそしくおびやかすように彼に対している。それが作られると、彼はその主人ともはや感じず、その使用人と感ずる。物質世界全体は彼の生活と方向とテンポを規定する巨大機械の怪物になる。彼に奉仕し、彼を幸福にするように定められた彼の手の仕事から、彼を疎外する世界が生まれ、この世界に彼は従順に、無力に服従する。彼は社会的・政治的機関に対しても同一の無力な態度をもつ」。

新フロイト派

第三に、フロムがフロイトと違っていたことは、これまで述べたように、経済構造や社会構造が個人に及ぼす影響を重視したことである。彼が本来目ざしたことは、経済的下部構造→上部構造というマルクス主義の図式を精神分析で補完することであったが、精神分析の側に立てば、精神分析をマルクス主義で補完することになった。

要するに、フロムは、(1) フロイトのリビドー理論の廃棄、(2) 人間と人間との関係の重視、(3) 社会的・経済的因子が個人に及ぼす影響の重視という点で、正統フロイト派と違っていた。このような立場をとった人には、フロムの他、サリヴァン、ホーナイ、カーディナーのような人がいた。これらの人びとは普通、新フロイト派といわれる。イギリスの精神科医ジェームズ＝ブラウンは、新フロイト派のことを「フロイト左派」とよび、メラニー＝クライン学派を「フロイト右派」とよんだ。ところがのちアメリカの歴史家ポール＝ロビンソンは、フロイト学説を尖鋭化して性の抑圧を政治の重要な機能とみなした人びと、すなわちライヒ・ローハイム・マルクーゼを「フロイト左派」として一括し、フロムは性の重要性を認めなかったとして彼のいう「フロイト左派」に加えなかった。このように「フロイト左派」ということばは人によりさまざまに使われるので、この本ではこのことばは使わないことにする。

新フロイト派の人びとのなかでも、フロムは、ホーナイやサリヴァンほど「文化」を重視しなかった。ここでいう「文化」とは、文化財、文化人、文化国家のように、なにか価値あるもののことでなく、ある社会の生活様式のことである。たとえば箸を使って食事をするのは、日本の文化である。フロムは「文化」より、社会・階級・経済を重視した。

フロムは『自由からの逃走』以後、上記の路線に沿って初期の理論を変更したが、この章ではこのうちのいくつかを述べることにしよう。

フロムの性格理論

フロイトは、リビドーが昇華されたり、反動形成を起こして性格が作られると考えたが（六三ページ参照）、フロムは性格の基盤はリビドーにはなく、世界に対する人間の特殊な関係の仕方にあると考えた。この関係の仕方には、(1) 同化、すなわち物を獲得したり、とり入れたりすること、(2) 社会化、すなわち自分を他人と関係させること、の二つがある。そして同化には、物を与えられる（貰う）、力ずくでとる、貯蓄する、交換する、物を生産するの五つ、社会化には、服従する、支配する、破壊する、冷淡、愛するの五つがある。

人間がどういう方法で同化するか、社会化するかは、各個人でだいたい一定している。この一定している型が性格である。つまり性格というのは、同化と社会化の過程で、人間のエネルギーが流れて行く比較的永続的な形式である。フロムは性格には五つのタイプがあるといい、これを構え（オリエンテーション）とよんだ。

受容的構え…この性格の人は、品物にせよ、愛にせよ、知識にせよ、快楽にせよ、自分の欲しいものは外部にあり、外部から与えられると信じている。彼らはだれにでもたより、だれかの助けなしには生きていけない。彼らは楽天的で、親しみ深く、他人に対してあたたかみがあり、鄭重《ていちょう》で、魅力的である。しかし一方で、信じやすく、だまされやすく、主体性がなく、定見がなく、卑屈である。また彼らは食べたり、飲んだりするのが好きで、口はいつも開かれている。このタイプはフロイトのいう口唇性格の受動型にあたる。

搾取的構え……この性格の人は欲しいものはなんでも、外部から力と策略を使って奪いとるものだと考えている。彼らは利用し、搾取できるならだれをも利用し、だれからもしぼりとろうとする。知識の分野でも同じで、創造せず、他人のものを剽窃《ひょうせつ》する。彼らは高慢で、自己主張し、自信があり、攻撃的で、嫉妬深く、衝動的である。このタイプの人は嚙みつきそうな口もとをし、嚙みつくようなことばを発する。これは、フロイトのいう口唇性格の攻撃型にあたる。

貯蔵的構え……このタイプの人は、外界から手に入れるものはなにも信用せず、倹約と貯蓄を重んじ、消費には脅威を感ずる。彼らは他人とつき合うことを避け、感傷的に過去をすばらしいものと思い、過去の思い出にふけるのを好む。彼らは几帳面で、物があるべきところにないと気にくわず、頑固で、辛抱強い。受容的構えの人が「ノー」と言えないのに反して、この構えの人はいつも「ノー」と言う。彼らの口もとはいつもかたく結ばれている。これは、フロイトのいう肛門性格にあたる。

市場的構え……このタイプは、現代の市場の機能に対応して生まれたもので、前世紀にはなかったものである。現代資本主義社会では、商品の価格は需要と供給の法則によって決定される。だから、たとえば一足の靴の使用価値はどんなに高くても、供給過剰なら経済的には価値はないにも等しい。市場では価格は、使用価値より交換価値で決定される。このような社会では、自分自身を商品とみなし、自分の価値を交換価値として体験する構えが発達する。これが市場的構えである。

　この構えは、パーソナリティ（人格）を売っている人、たとえば事務員、セールスマン、実業家、医師、法律家、芸術家等に見られる。このような人は、それぞれの職業でとくに必要とされる技能や、正直・誠実・親切といった資質（属性）をもっていなければならないのはもちろんであるが（これらは使用価値にあたる）、その他自分をうまく売りつけるように包装されていなければならない。すなわち快活に見せるとか、ある髪型をしているとか、あるクラブに属しているとか、パリッとした服装をしているとか、つてになる人を知っているとかである。

　このように自分は商品であり、売り手だから、自分を売りつけるのに成功すれば、自分は価値ある人間になり、売りつけるのに成功しなければ無価値な人間になる。自分の価値は外部の力に左右されるから、不安定感をもつ。また独立した実体としての自分自身という感じ、すなわち自己同一性も不安定になる。なぜなら、商品としての自分は、他人が判断し、使用するなにかで、自分自身とは違ったもの、自分自身から遊離したものだからである。

自分を商品として体験するのと同じく、他人も商品として体験される。他人も彼ら自身を示しているのでなく、売り物になる部分だけを示している。こうして個性は失われ、人間関係は表面的になり、無関心が人間関係を特徴づけるものになる。思考もこの構えによって決定され、現象の本質に迫った知識でなく、表面的な知識が重んじられる。〇×式テストはそれをよく示している。さらに知識や教育も交換価値を高める一つの手段になる。

市場的構えの人は、変わりやすく、首尾一貫せず、ご都合主義で、無原則で、無方針である。しかし一方では社交的、順応的で、機知に富み、気前がいい。彼らは思考の面では表面的なことに関心をもち、現象の背後にある真実に関心をもたない。

フロムは以上の四つの構えを「非生産的構え」として一括し、つぎの「生産的構え」に対立させた。

生産的構え……フロムはこの「生産的」ということばを、創造性――真の芸術家に見られる創造性――の意味に使ったが、「生産的でない」ことを列挙して、「生産的」ということばを説明しようとした。

生産的でない第一は、催眠術をかけられている人である。彼はなにかをしているが、催眠術師の暗示で行動しているから生産的でない。第二に権威（世論も含む）に従って行動をしている人は、自発的に行動していないから生産的でない。第三に羨望・嫉妬にかられて行動している人は、自由に、合理的に、柔軟に行動していないから生産的でない。第四に、写真のように外界を忠実に記録すること(リアリズム)は、表面のみを見、かくれている本質を見ていないから生産的でない。第五に狂気は外界とは関係のない世界を精神内部に作りあげ、それに絶対の確信をいだいているから、生産的でない。それゆえ、生産的構えというのは、外部の力でなく、自らの力(理性)で感じ、考え、行動し、精神的な力の自発的活動によって、体験した材料に生命を吹きこみ、新しいものを創造できる性格、あるいは自分にそなわっている可能性を実現し、他人との愛のふれあいができる性格である。これは、フロイトの性器性格にあたる。

社　会　化　以上の構えは、同化、つまりものとの関係であったが、これと社会化、すなわち他人との関係はつぎのように対応する。

受容的構え……………マゾヒズム的
搾取的構え……………サディズム的
貯蔵的構え……………破壊的
市場的構え……………無関心的
生産的構え……………愛、理性

受容的構えの人の対人関係は、マゾヒズム的・服従的である。彼が強者に服従すれば、強者は彼に必要なあらゆる物を与えてくれる。搾取的構えの人は力づくで他人から奪うから、サディズム的である。貯蔵的構えの人は物を消費せず、自給自足だから、他人とは疎遠である。また彼らは、他人とつき合うと物が減ると思うから、他人とつき合わず、うちに引きこもる。しかしもし他人が大きな脅威になると、他人を破壊しようとする衝動が生まれる。市場的構えの人の対人関係は、親しみにみちているが、皮相で、情緒的には上っすべりで、どちらかというと無関心的である。

社会的性格

さきに社会のリビドー構造から社会（あるいは社会階層）の多数の成員に共通に見られる性格が生まれると述べたが、フロムは『自由からの逃走』では、この共通に見られる性格を社会的性格とよび、リビドー構造という考えをやめてしまった。

ある社会に属している成員がしなければならないことを喜んで行い、その社会の要請に従った行動をすることに満足をおぼえるのは、社会的性格のためである。いいかえると、一定の社会における人間のエネルギーを、その社会が持続するような方向に向けるのが、社会的性格の機能である。もしある社会に住む大多数の人のエネルギーが同じ方向に向かうなら、それはその社会を推進させる生産力になるだろう。

さきに述べたように、一九世紀資本主義の精神は、快楽の抑制、倹約の重視、義務の遂行、几帳面、つまり肛門性格（貯蔵的構え）であった。つまり、一九世紀資本主義社会の多くの人びとは社会への適応の結果この性格を形成し、また喜んで（つべこべ言わないで）倹約をし、義務を遂行したため、つまりそういう方向にエネルギーを注いだため、資本主義は推進された。またそういう性格の持主は、一九世紀資本主義社会では成功もした。それゆえ、一九世紀資本主義社会の社会的性格は肛門性格といえる。

今日の資本主義は、前世紀の資本主義と違って大量消費と大量販売を基礎にしている。そこでもし人びとが収入の大部分を消費せず倹約すれば、経済は重大な危機におちいる。そこで企業は、広告を使ってますます消費するよう訴え、一方人びとは、月賦で物を買っている。こうして、食べすぎ、買いすぎ、貪欲、競争、ねたみという社会的性格（口唇性格）が形成される。この社会的性格の持主は前世紀の社会的性格の持主から見れば物を粗末にするふらちな浪費者であるが、この社会的性格のため現代資本主義は機能を維持し、存続しているのである。

以上に述べた通り、行動が社会的性格によって決定されるように、思考や感情も社会的性格によって決定される。フロムは、思想というものはある集団に意識的に受け入れられても、その集団の社会的性格のために、実際には受け入れられないことがあると強調した。このような思想は意識的な信念としては残るが、いざというとき人はその思想に従って行動できない。

ヒトラーが権力を獲得するまで、ドイツの労働者の大部分は社会民主党や共産党に投票し、これら政党の思想を信じていた。ところがひとたび危機が訪れると、彼らはたやすくその思想を捨てた。そのわけは、権威に対して個人の独立性を強調する社会主義の思想は、権威にはげしい尊敬とあこがれをもつ彼らの社会的性格、つまり権威主義的性格に真に受け入れられていなかったからである。あるいは適合していなかったからである。それゆえ、ある思想が強力なものになるのは、それが一定の社会的性格のなかにある欲求をみたした場合だけである。

社会的性格は、社会経済構造への適応の結果生まれたものであるが、今度はこの社会的性格から理想や理念（イデオロギー）が形成される。たとえば前世紀の社会的性格・肛門性格からは、物を大切にする、節約をする、規律を正しくする、義務を遂行するという理想や理念が生まれる。そしてこの理想・理念は、学校や家庭の教育を通じて教えこまれ、社会的性格は強化される。またこの社会的性格のために、電車は一分一秒の狂いもなく運転され、会社は定時に開店して活動を始めるのである。すなわち作られた理念はふたたび社会的性格に影響を及ぼし、間接的に社会経済構造にも影響を及ぼす。すなわち、経済的土台⟷社会的性格⟷理想・理念になる。かくて、フロムが若いときから追求してきた、経済的下部構造とイデオロギー的上部構造のあいだの欠落した環を埋めるという課題は完成した。

疎　外

上に述べたように、疎外はマルクスの概念であるが、マルクスによると疎外というのは、人間の生産物が人間との内的なつながりを失い、よそよそしい他者として人間に対立し、人間を支配するようになることである。フロムはこれに従って疎外をつぎのように定義した。人間が自分自身を世界の中心とか、自分の行為の創造者として経験するのでなく、彼の行為とその結果が主人公になり、人間はこれに服従するか、それを崇拝しかねないことである。フロムは疎外は旧約聖書の預言者たちが偶像崇拝とよんだものに見られると言った。

イザヤは偶像崇拝についてこう言っている。

「袋から金を惜しげなく出し、銀を天びんで量る者たちは、金細工人を雇って、それで神を造り、これにひざまずいてすぐ拝む」（イザヤ書、四六の六・七）。

カール＝マルクス

イザヤは偶像崇拝を皮肉にこう描いている。

「香柏やかしの木を選んで林の木のなかで自分のために育てる。……それは人間のたきぎになり、人はそのいくらかをとって暖まり、またこれを燃やしてパンを焼く。またこれで神を造って拝み、それを偶像に仕立てて、これにひれ伏す」（イザヤ書、四四の一四・一五）。

偶像崇拝の本体は、人間が自分のうちにある一部の性質を外部のものに投射して、神にし、それに頭を下げておがみ、自分が投射したものをいくらかでも自分にもどしてくれとたのむことである。

現代社会では疎外はほとんどあらゆる領域に見られる。フロムはこの一つとして、匿名の権威を挙げた。

さきに合理的権威・非合理的権威のことを述べたが、それらは、父・先生・指導者・上官・僧侶等々のように、目に見える、はっきりした権威であった。人はこれら権威と戦うことができ、また権威と戦うことによって、個人の独立性と勇気が発達した。しかし今日では権威はその性格を変えてしまった。それは目に見えない権威になった。それは、常識であり、世論であり、人がしたり、考えたり、感じたりしていることである。

匿名の権威が働くメカニズムは同調である。私は他の人と違ってはならないから、だれもがしていることをすべきである。私は自分が正しいか、間違っているかと尋ねてはいけなくて、一風変わっていないかどうか尋ねなければならない。

この場合、常識とか世論といった人間が作ったものが、よそよそしい他者として人間に対立し、それが人間を支配している。こういう点、匿名の権威は疎外された権威である。

また市場的な構えの人は、市場における交換価値、つまり他者に支配され、自分を行為の主体、人間的な力の担い手として経験していないから、疎外された人といえる。

フロムは、精神分析は人間についての知識を深めたが、人間はいかに生きるべきか、どのように振舞うべきかという知識はいささかも深めなかったと主張した。フロイトが自然科学としての心理学を樹立しようとしたかぎり、心理学を倫理学から切り離そうとしたのはやむをえないことだった。しかし精神障害を理解するためには、道徳的葛藤の性質を知らなければならないから、倫理を論ずることもまた重要である。そこでフロムは、倫理を権威主義的倫理と人道主義的倫理の二つにわけた。

倫理と良心

権威主義的倫理は、人間には善悪を区別する能力はなく、規範を与えるものは個人を超越した権威（神、国家等）であると考えるものである。この倫理では、善は権威に従順なこと、悪は権威に従順でないことである。たとえば「いい子」は、先生の言うことをきき、従順で、すなおな子である。それゆえ、この倫理によると、たとえ人が悪を犯しても、罰をすなおにうけ、罪悪感をもてば（すなわち権威に従順になれば）善にもどることができる。

これに反して、人道主義的倫理は、徳と罪、善と悪を決定する基準は人間を超越した権威ではなく、人間自身に他ならないと考える。この倫理によると、善とは、人間にとって有益なもの、すなわち生命の肯定、幸福の増進、人間の力の展開であり、悪とは、人間にとって害あるもの、人間の破壊である。しかしフロムは、人間にとって有益なものといっても自己中心主義ではないと念をおした。なぜなら、人間は人間同士の関係と団結によって、その目的を達成し、幸福をつかむことができるからである。

フロムは良心にも、権威主義的良心と人道主義的良心の二つがあるとした。彼がこの区別をしたのは、侵略戦争や残虐行為をした者も、良心に従って行動をしたと言明したためであった。

権威主義的良心というのは、国家・両親・指導者といった外部の権威が内面化され、この内面化された権威から発する声である。これは、フロイトのいう超自我にあたる。それゆえ、権威主義的良心にとって善とは、とり入れられた権威に対する服従であり、悪とは不服従である。ヒトラーの信奉者が人間性に反する行為をした場合も、「良心に従った」といったのはこのためである。

人道主義的権威は、内面化された権威の声ではなく、われわれを本来の自己によび戻すわれわれ自身の声である。つまり権威主義的良心が他律的な良心であるのに対して、これは自律的な良心である。それは、生命と成長を表現するパーソナリティ全体の声である。人道主義的良心にとって善とは、生命を助長するすべてのものであり、悪とは生命を阻み、窒息させるすべてのものである。この良心の持主は、内面化された権威に無理矢理従わされるというような仕方で正しい行為を行うのではなく、正しい行為をするのは楽しいからそれを行うのである。

宗教

フロイトは宗教についてこう考えた。人間は大人になると大きな力をもっていることを悟るし、危険に対する知識もます。しかし結局、自分は子供のときのように無力で、保護されていないと思う。そこで彼は子供のとき父親から受けた庇護を思い出し、外界の力に父親の姿の特徴を与えて神にまで高め、それに自分の保護をゆだねる。これが宗教である。それゆえ、フロイトによると、宗教は子供じみた性格をもっている。すなわち、それは、われわれが住んでいる世界を願望の世界で克服しようという試みである。それゆえ、フロイトによると、宗教は幻想であった。

フロムはフロイトのこのような考えには賛成したが、フロイトの宗教観は片手落ちだと考えた。そこで彼は宗教を権威主義的宗教と人道主義的宗教の二つに分けた。

権威主義的宗教は、人間の外に、人間を超越した力があり、人間はこの力に服従することが善で、服従しないことが罪であるとみなす宗教である。この宗教形態では神は全知全能であり、一方人間は無力でいやしいものとみられている。そして人間はこの神に屈服し、神の恩寵と助けをえてはじめて、自己の強さを感ずることができる。それゆえ、神への服従は、孤独感や無力感から逃れる一つの手段である。さきに述べたカルヴァンの神学はその代表である。

これに反して、人道主義的宗教では、人間は自分のさまざまな限界と可能性の双方について真実を知り、自分と他人のために愛の力を発展させるべきだと説く。またそれは、人間の目的は人間の無力さを知ることではなく、最大の力を発揮することだと説く。美徳は服従でなく、自己実現である。信仰は提唱者の主張をうのみにしてそれに従うことではなく、自己の思想と感情の体験をもとにした確信である。

フロムは、人道主義的宗教の代表は初期の仏教だと考えた。

「仏陀は偉大な教師であり、人間存在の真理を悟った『覚者』である。彼は超自然的な力の名によってではなく、理性の名によって語った。彼は、自分がただ最初の発見者であったにすぎない真理を、各自が自らの理性を用いて悟れと、あらゆる人びとによびかける。ひとたび真理の第一歩を踏み出した者は、一切衆生のために、その理性と愛の力を発展させるように努力を傾けて行かねばならない。人がこのような生き方を成就する度合いが、すなわち、人が不合理な煩悩《ぼんのう》の束縛から脱する度合いなのである。仏教の教えに従えば、人は自分の限界を悟らねばならぬ一方、また自分のうちにある力をも自覚しなければならない。涅槃《ねはん》とは、完全な覚者が到達しうる心の状態であるが、それは無力と屈従の状態でなく、反対に人間がもっている最高の力を発展させた状態である」(『精神分析と宗教』谷口隆之助、早坂泰次郎訳)。

権威主義的宗教では悲哀と罪悪の気分が濃いのに対して、人道主義的な宗教では喜びの感情が顕著である。また人道主義的宗教では、神は人間のより高い自己の像であり、人間の可能な姿、あるいはなるべき姿の象徴であるが、権威主義的宗教では、神だけが理性と愛を所有しているものとみられている。しかし神が所有しているものとされている理性と愛も、本来は人間が所有していたものので、神に投射されたものである。すなわち、人間は自分がもっているものを神にすっかり与えて貧困になり、それから神に礼拝して、本来は自分のものであったもののいくらかを返してくれと、神にたのむのである。人間はよいものを一切神に与えたのだから当然「罪人」と感ずる。そして神の恵みとあわれみによって、真の人間たらしめるものをふたたび手に入れるのである。それゆえ、権威主義的宗教は疎外された宗教といえる。

フロムが禅に深い共感を示し、一九五七年八月鈴木大拙らを招き、メキシコ国立大学で「禅と精神分析」のシンポジウムを開いたのも、禅と精神分析が親近性があるためだけでなく、禅が反権威主義的宗教と考えたためであった。

フロムはユダヤ的キリスト教には、権威主義的要素と人道主義要素が並存していると考えた。神がアダムとエバを知恵の実を食べたという理由で楽園から追放する話、ノア以外のあらゆる人間を洪水で滅す話、神への愛のあかしとしてアブラハムにわが子イサクをいけにえに捧げることを要求する話は、ユダヤ的キリスト教の権威主義的側面を示している。しかしノアの箱舟の話以降、神は変質する。神はノア以外を滅すという自分の決定を後悔し、ノアとその家族、および彼のあらゆる子孫に虹によって象徴される契約を結ぶ。神は言う。

「私はあなた方と契約をたてる。すべての肉なる者はもはや大洪水の水では断ち切れない。もはや大洪水が地を滅すようなことはない」(創世記九の一一)。

契約の締結とともに、神は絶対的な支配者でなくなる。神は専制君主から立憲君主になる。またソドムとゴモラの人びとの話（創世記一八の二三）では、アブラハムが正義の名において神と談判し、神を譲歩させるさまが描かれている。

フロムは、権力をもった少数者が支配している社会では、個人は恐怖にとらえられ、力と独立を感じないので権威主義的宗教が発達し、一方個人が自己の運命について自由と責任を感ずる社会では、人道主義的宗教が発達すると考えた。

人道主義的精神分析

フロムは新フロイト派といわれることをさきに述べたが、彼自身はこうよばれることに強い反対を示した。彼は、あるときには、そうよばれるのは「幸福でない」と言い、あるときには「満足していない」と言った。彼は、ホーナイ・サリヴァンといった新フロイト派は、フロイトの重要な発見を捨ててしまったが、自分はフロイトの理論を発展させたのだから、新フロイト派ではないというのが、彼の言い分であった。その代わり、彼は自己の体系を「人道主義的精神分析」とよんだ。

上に述べたことからすると、人道主義的というのは、生命を尊重する、幸福を増進する、愛を重視する、権威主義的でないということだから、人道主義的精神分析というのはそういう立場に立つ精神分析ということになるだろう。そしてこのことばは、フロイトの精神分析を権威主義的なものとみなし、その対比として命名したものであることは疑いない。

フロムは一九七一年五月カリフォルニア大学の歴史家マーティン＝ジェイにつぎの手紙を書いた。

「フロイトがリビドー理論とだけ考えられるのでないかぎり、私は決してフロイト主義を離れなかった。……私はフロイトの基本的な業績は、無意識の考え方、神経症や夢などの解明、抵抗、それに性格に関する力動的な考え方だと思っている。これらの考えは、私のすべての著作で私にとって根本的な重要性を持ち続けた。そして私がリビドー理論を捨てたから、私がフロイト主義を捨てたのだというのは、正統派フロイト主義の観点からだけ言えるきわめて荒っぽい言い方である。ともかく私は精神分析を捨てはしなかった。私は自分の学派を作ろうとは思わなかった。私は国際精神分析学会から除名されたが、今なおフロイト主義に立つワシントン精神分析学会の会員である。私はいつもフロイト主義の正統派とフロイト主義の国際機関の官僚主義的なやり方を批判してきたが、私の全理論的業績は、メタ心理学を除き、私がフロイトのもっとも重要な発見だと考えるものに基づいている」（ジェイ『弁証法的想像力』荒川幾男訳）。

愛の理論

愛するということ　フロムによると、人間存在の一つの特徴は、独立したいと思うと同時に孤独と無力に耐えられず、外部の人や物に依存したい、かかわり合いたいと思うことである。彼はこの矛盾を実存的二分法とよび、時間が与えられれば解決される矛盾、歴史的二分法（先進国では肥満で困っている人がいるのに、発展途上国では飢えが見られること等）に対立させた。この実存的二分法を解決する一つの手段として、彼は『自由からの逃走』でサド－マゾヒズムをとりあげた。この反対の極にあるものが愛である。

フロムはこれまで彼の著書のあちこちで愛について語ったが、これをくわしく論ずることはなかった。一九五六年彼は『愛する技術』（邦訳『愛するということ』）を書き、はじめて愛をまとめてとりあげた。

フロムは、サド－マゾヒズムは共生的合一の一種だとした。共生的合一というのは、母親と胎児の関係のように、ともに生き、お互いに必要とし合うことである。共生的合一の受動型は服従、あるいはマゾヒズムであり、能動型は支配、あるいはサディズムである。サディストとマゾヒストはお互いに依存し合い、相手なしに生きて行くことができない。

愛は、共生的合一と違って、本来の全体性と個性をもったままでの合一である。愛は人間のなかの活動的な力であり、人間を仲間から隔てている壁を破壊する力であり、人間を他人と結びつける力である。愛において二人の人が一つになり、しかも二つにとどまるという矛盾したことが起こる。

しかしこのような考えは、ニュアンスはやや違うが、スペインの哲学者オルテガによっても唱えられた。彼は一九二三年恋愛の発生についてこう言った。

「この恋愛過程が始まるやいなや、恋する者は自分の個性を相手の個性のなかに溶かしこむか、あるいはその逆に恋人の個性を自分の個性のなかに吸いこもうとする特異な欲求を感ずる。不思議な願望である！　生活の他の場合にはすべて、われわれはわれわれの個人的存在の限界が他の人間によって突破されるように見えることほどいまわしいことはないのに、恋する者はあたかも形而上的な意味で透明になり、ただ恋人との融合のうちにのみ、いわば『二分された一つの個性』のうちにのみ、満足を見出すのであり、この点にのみ恋愛の甘美が成り立つのである」（『新恋愛論』堀秀彦訳、角川文庫）。

俗に恋に「おちる」というように、愛は普通受動的なものと考えられている。しかし、フロムによると、愛は受動的なものでなく、参加するものであり、受けるものでなく、与えるものである。

では、与えるとはなんなのか。与えるというと奪われること、犠牲になることと考えられる。しかし愛をこういう見地からしか見ない人は、さきに述べた受容的な構えの人、搾取的な構えの人、貯蔵的な構えの人である。また市場的な構えの人にとって、与えることは受けることとの交換でしかない。生産的な構えの人にとって、与えることは潜在力の最高の表現である。与えることによって、私は強さ、富、力を経験し、喜びを感ずる。与える行為のなかに生命の躍動が感じられるから、与えることは受けることより楽しいのである。

与えることは受けることより楽しいということは、性の分野の現象を見るとよくわかる。男性の性機能の頂点は与えることにある。男性は女性に彼自身を、すなわち彼の性器を与え、オーガズムの瞬間に精液を与える。彼に精力があれば、彼は与えざるをえない。もし彼が与えないなら、彼は性的不能者である。女性もこれと異ならない。女性も彼女自身を与え、女性としての中心部への門を開く。もし彼女が受けるだけなら、彼女は冷感症である。与えることは、母親の機能でも見られる。彼女は彼女の乳とぬくもりを幼児に与える。

しかし与えることのなかでいちばん重要な分野は、人間的な分野にある。愛する人は相手に、自分のなかで生き生きとしているもののあらゆる表現、すなわち喜び、興味、知識、悲しみ等を与える。

与えるという要素の他に、愛には、配慮・責任・尊敬・知識という要素が含まれている。愛に配慮が含まれていることは、子供に対する母親の愛に見られる。母親は子供に乳をやり、湯を使わせ、気持ちよくさせてやる。もし彼女がこの配慮を怠るならば、彼女がいくら口先で愛しているといっても、実際には愛していないのである。もしある人が花を愛しているといっても、花に水をやるのを忘れているなら、花を愛しているかどうかは疑わしい。愛とは、愛するものの生命と成長に積極的に関与することである。

このことは、旧約聖書のヨナ書に美しく描かれている。アッシリアの首都ニネベ（現在のイラクの都市モスルの近く）の腐敗を立腹した神は、ヨナをつかわして、彼らが悪行を改めないなら町を破壊してしまうと警告するように命じた。ところがヨナは、ニネベの人が悔い改めて、神が彼らを赦すことを恐れて、その使命から逃れた。ヨナは秩序と法の強い感覚をもった人であったが、愛のない人だったのである。彼は地中海沿岸のヨッパに行き、タルシシュ行きの船に乗った。船は途中暴風にあい、沈みそうになった。ヨナは船員に「この暴風は私のためにあなた方をおそっているのだから、私を海に投げ捨ててください」とたのみ、海に自分を投げ捨てさせた。ところが、主は大きな魚を準備して、ヨナを飲みこませ、陸地に吐き出させた。そして神はふたたびヨナに、ニネベに行って警告を伝えよと命じた。

彼はニネベに行き、神のことばを住民に伝えた。人びとは悔い改めたので、神は彼らを赦し、町は破壊から免れた。これはヨナが恐れていたことであった。彼は慈悲ではなく、正義が行われることを望んでいたのである。彼はふてくさって神に言った。「主よ。どうか私のいのちをとってください。私は生きているより死んだほうがましです」。

ヨナは町から出て、町の東のほうに仮小屋を建て、そこに坐って町のなかでなにが起こるか見ようとした。そこで神は一本のトウゴマを生い茂らせて灼熱の太陽を防ぎ、ヨナの立腹を和らげようとした。ヨナはこのトウゴマをたいへん喜んだ。ところが翌朝の明け方、神は一匹の虫を準備し、トウゴマにはわせたので、トウゴマは枯れてしまった。それで太陽はヨナの頭に直接照りつけた。ヨナは立腹した。すると神はヨナに言った。「おまえは、このトウゴマのために当然のように怒るのか」。ヨナは答えた。「私が死ぬほど怒るのは当然です」。神は言った。「おまえは自分で骨を折らず、育てもせず、一夜で生え、一夜で枯れたトウゴマを惜しんでいる。まして私はこの大きな町ニネベを惜しまないでいられようか。そこには右も左もわきまえない一二万以上の人間と家畜がいるではないか」。

ここで神が説いていることは、愛の本質はなにかのために労し、なにかを育てること、愛と労働は不可分であることである。人は労したものを愛し、愛する者のために労するのである。

ある人のために配慮し、ある人のために労するということは、その人に責任をもつということである。したがって、愛と責任は切り離すことができない。

愛の第三の要素は尊敬である。尊敬する（respect）は、語源的には、respicere 、すなわち眺めるということである。それゆえ、相手を尊敬するというのは、相手をありのままに見、その特異な個性を知ること、あるいは相手がその人なりに成長し、発達してもらいたいと願うことである。つまり搾取のないことを意味している。

愛の第四の要素は、知識（あるいは知ること）である。愛する人は、相手の表面だけでなく、相手の内面、相手の秘密、相手の秘奥を知りたいと思う。つまり対象についての知識をえたいと思う。

相手の秘密を知る第一の方法は、相手を支配し、苦しめること、つまりサディズム的な行為である。相手は苦しさのあまり、秘密をもらすかもしれない。第二の方法は、愛である。すなわち、合一という行為、他の人間に侵入する行為、自分自身を与える行為によって、私は私自身を知り、相手を知り、人間を知るのである（オルテガはこのことを、上に述べたように、「形而上的な意味で透明になる」ということばであらわした）。

性とはなにか

以上に述べた実存的な合一の欲求の上に、男性と女性という極を合一させたいという生物学的な欲求が起こってくる。この極性の思想は、男女はもと一体であったが、のちそれが切断されて（セコ＝切断する、セックスの語源）、男性と女性になり、それ以来それぞれがふたたび合体しようと、かたわれを追い求める（この力がエロス）ようになったという神話（プラトン『饗宴』）にあらわれている。この極性は、ミクロの世界では精子と卵子としてあらわれているし、極性の合体は、精子の卵子への侵入、すなわち受精としてあらわれている。

フロイトは、性本能を体内に化学的に作られた緊張とみなし、この緊張が苦痛、あるいは不快感を生み、放出を求めるのだと考えた。それゆえ、性的満足は放出によってえられる。この考えに立つと、自慰がもっとも理想的な性的満足になろう。ところが、自慰は決して完全な満足を与えず、空虚感を残す。自慰が反復されやすいのは、このためである。それゆえ、フロイトの考えはまちがっているといえる。

フロイトが無視したのは、男性と女性という極性と、男性と女性の合一である。彼がこのことを忘れたのは、彼が極端な家父長主義者であったためである。彼によると、性は本質的に男性的なものであり、女性特有の性はなく、女性は去勢された男性にすぎなかった。

要するに、男女両性の性的牽引力は、フロイトの言うように、性的緊張を除こうとする欲求にもとづくものではなく、異性と合一しようとする欲求にもとづいている。フロイトは性を過大評価しているとしばしば言われている。しかし彼は、性を生理学的な次元からだけみ、心理学的・生物学的・実存的な次元から見ていない。だから、彼は性を十分に理解していないといえる。

愛の対象

多くの人は、愛は愛する能力によってではなく、対象によって成り立つと信じている。たとえば、私には愛することができる人はこの世に一人しかいないとか、愛することができる人が見つかれば愛せるようになると信じている。しかしこれはまちがっている。なぜなら、愛は活動的な力だからだし、世界との関係の仕方を決定する態度だからである。したがって、アメリカの心理学者ウィリアム＝ジェームズが、「分業」というような愛、すなわち自分自身の家族は愛するが、見知らぬ人には愛を感じないというようなことは、愛する能力をもっていないしるしである。もし私が一人の人を愛するなら、私はすべての人を愛し、世界を愛し、生命を愛するのである。また「なんじ自身のごとくなんじの隣人を愛せよ」（レビ記、一九の一八）という聖書のことばは、自分自身を愛し、理解することは、他人を愛し、理解することと切り離せないということを示している。

ところで、エロチックな愛の特徴は排他性である。われわれは、お互いに愛し合っているが、他のだれにも愛を感じないと言っている二人をしばしば見る。しかしこのような愛は「二人しての自己中心主義」（エゴチズム－アー－デュー）であって、愛ではない。エロチックな愛は、性的結合という意味と、二人が人生のすべての面でかかわり合いをもつという意味では他人に対する愛を排除するが、兄弟愛を排除するものではない。ここで兄弟愛というのは、兄弟に対する愛ではなく、助けを必要とする人、危険にさらされている人、弱い人、異邦人に対する愛である。それは、「あなたたちは異邦人の心を知っている。あなたたちはエジプトの地で異邦人だったから。それゆえ異邦人を愛しなさい」（申命記一〇の一九）というときの愛である。

愛の崩壊

第一次世界大戦直後には、お互いの性的満足が満足な愛の関係、とくに幸福な結婚の基礎だと考えられ、一方不幸な結婚は結婚の相手が性的に適応していないためと考えられた。そして失敗の原因は、正しい性行動の知識がないことと性のテクニックを知らないことにあるとされた。そこで多くの結婚入門書は性のテクニックを説き、愛し合うことができない夫婦を助けようとした。このような考えの基礎には、愛は性的快感の子供であり、また二人の人が性的に満足すれば愛し合うようになるという考えがひめられている。またこの考えは、正しい技術を用いれば工業生産上の問題が解決されるというこの時代の一般的な幻想にも合致していた。

しかしこの考えは、フロイトの理論からも大きな影響をうけていた。フロイトによると、愛は根本的に性的現象であった。彼はこう言った。

「人間は性愛（性器的な愛）がいちばん強い満足感を与えるし、またそれがあらゆる幸福の原型だということを知ったので、人生における幸福を性関係の分野に求め、性器的愛を人生の中心におくようになったのに違いない」（『文化の不安』一九三〇年）。

これに対してフロムは、愛は性的満足がえられた結果ではなく、逆に性的満足は愛の結果だと主張した。彼は、このことは、精神分析的経験から実証されると言った。すなわち、女性の冷感症と男性の心理的不能症を研究すると、その原因はテクニックが欠けているためでなく、愛することを不可能にしている制止にあることがわかる。つまり、異性に対する恐れや憎しみがその底にあり、これが、身体的接合の行為で、自分自身を完全に与え、自発的に行動し、相手を信頼するのを妨げているのである。そこで恐れや憎しみから脱却すると、つまり愛することができるようになると、彼、あるいは彼女の性的な問題は解決されるのである。

さて、資本主義が発達するにつれて、資本は集中し、大きな企業はますます大きくなり、小さな企業は搾取された。またこれらの企業に投資した資本の所有権は資本を管理する機能から分離され、強力な管理機構が生まれた。これと平行して、労働運動が発達し、労働者は大きな労働組合に結合された。こうして資本の分野でも、労働の分野でも、イニシアチブは個人から組織に移った。この結果、個人は個性を失い、機械の歯車の歯のような存在になった。それゆえ、今日の資本主義が必要としている人物は、大勢の人と一緒に協調して働き、自由で独立しているが、喜んで命令され、自分たちに期待されていることを行い、摩擦なく社会機構に順応して行く人である。

このような人間観は、結婚観にもあらわれた。幸福な結婚、あるいは理想的な結婚というのは、円滑に、協力的に機能するチームであると考えられた。すなわち、夫婦はそれぞれ独立し、協力的で、寛容で、お互いに理解し、助け合うが、生涯他人のままにとどまり、心の底から触れ合うことのない二人の人間のあいだの関係である。

愛と結婚についてのこのような考えで強調されていることは、耐えがたい孤独感からの避難所を愛に求めるということと、二人が同盟して敵意にみちた、よそよそしい世界に立ち向かって行くということである。それは、「二人しての自己中心主義」に他ならない。

フロムによると、愛とは人間と人間のあいだの合一の達成であった。それゆえ、性的満足としての愛やチームワークとしての愛は、愛のように見えるが、にせの愛であり、現代社会における愛の崩壊を示すものだとフロムは断じた。かくして彼は愛の技術の実践の問題に移った。

愛の実践

人が技術（建築・医療・自動車運転の技術等）を修得するさいには、鍛練（すなわち毎日一定の時間練習すること）、精神統一（すなわち一つのことを同時にしないこと、たとえば食べ、飲み、ラジオを聞き、タバコを吸いながらしないこと）、忍耐（すなわち手っとり早く成果がえられると思わないこと）、および技術の習熟に関心をもつこと、この四つの条件が必要である。フロムは、愛は技術であるという立場から、愛の技術を修得する場合にもこの四つの条件が必要だと言った。

鍛練について、彼は、一定の時刻に起き、冥想・読書・音楽鑑賞・散歩のような活動に一日の一定時間費やし、映画を見たり、推理小説を読むような逃避活動にふけらないことを挙げ、また精神統一については、読書・ラジオ聴取・喫煙・飲酒をすることなく、ひとりでいることを覚えること、一日二〇分間らくな姿勢で目を閉じて坐ることをすすめた。

以上は愛の技術を修得する上の一般的な心がまえであるが、愛の技術に限った特別な心がまえとして、フロムはつぎのことを挙げた。その第一はナルチシズムの克服である。ナルチシズムというのは、鏡に映った自分の姿にほれこむように、自分のことだけに関心をもち、自分のことだけを現実のこととして体験し、外界のことや他人のことは現実のことと感じず、自分にとって危険か、有益かという見地からしか見ないことである。

このような態度の結果、ナルチシズム的な人は、現実を客観的に見ることができなくなる。それゆえ、ナルチシズムを克服するということは、客観的に、ありのままに外界を見るということである。それは、自分の欲望や恐怖によってゆがめられた対象像と客観的な対象像とを区別できるということである。また客観的に考える能力は理性であり、理性の背後にある情動的な態度は謙虚である。それゆえ、愛には理性・客観性・謙虚の発達が必要である。このことは奇異に聞こえるが、ユダヤ人は人間とみなされず、虐殺される恐れがあったナチ政権下に生きた彼にとって、当時ユダヤ人を愛し、かばい、配慮してくれた人は、理性をもち、アーリア民族だけが人間だといった思い上がった心をもたない、謙虚で客観的に物事を見ている人であったという生活体験から来ているのだろう。

また彼は、愛する能力を発達させる上には、母親への近親相姦的固着を脱却しなければならないと言った。なぜなら、大人になってからも母親に心理的にしがみついている人は、人を愛することができないからである。

資本主義社会の原理は、各人が自己の利益を追求することである。このような社会の原理と愛の原理は両立しない。それゆえ、今日愛を語ることは欺瞞だという人もいるし、現代社会で愛することができる人は狂人と殉教者だけだという人もいる。しかし資本主義社会は複雑であり、例外者を認める構造をもっている。だからこの社会でも愛は実践できるのである。しかし現代社会では、愛は、やはり例外的な現象である。けれども、人間の実存の問題に対する、唯一の合理的な解答としての愛の問題に真剣に取り組む人が、愛というものは個人的・例外的な現象でなく、社会的・一般的な現象になるべきだと考えるなら、その人は現代の社会構造を徹底的に変えなければならないと思うようになるに違いないというのが、フロムの結論であった。

悪──攻撃性と破壊性

死の本能をめぐる論争　フロムが一九三九年社会調査研究所をやめたとき、彼と研究所の有力な所員とのあいだに、フロイトの理論、とくに死の本能の評価について意見の大きな相違があった。

死の本能というのは、フロイトが『快感原則の彼岸』（一九二〇年）ではじめて提出した概念で、生体を保存し、それをより大きな単位に結合させようとする本能、つまり生の本能（エロス）とは逆に、これらの単位を解体し、最初の無機物の状態にもどそうとする本能のことである。この本能は外部に向けられて攻撃性になるが、この攻撃性が強力な障害に出会うと、それはもどってきて、自己破壊を起こす。それゆえこの本能は、(1)無機物の状態（つまり死）にもどろうとする肉体の傾向と、(2)自分、あるいは他人を破壊しようとする傾向の二つから成っている。一方、生の本能は、フロイトの初期の理論のリビドーと自己保存本能を合わせたものであった。

フロムは、この死の本能はリビドーと自己保存本能に比べると、思弁的であり、経験的でないと言って、これを排撃した。研究所の所長ホルクハイマーも最初のうちは、死の本能という概念には

ヘルベルト＝マルクーゼ

諦観が含まれているし、フロイトの考えは悪を架空の悪魔のせいにする中世の考えのようだといって反対していた。ところが、一九三九年頃ホルクハイマーはこの考えを変え、死の本能という考えは現代人の破壊衝動のはげしさをあらわしていると言って、これに賛意をあらわした。アドルノもまたこの頃、人間性のうちにある悪の厭世的な絶対化は、愛を強調するフロムの楽天的な理論よりはるかによく現実を反映していると言った。

一九五六年、フロムの古い友人で同僚であったマルクーゼは、『エロス的文明』を著し、そのなかで、死の本能は文明の中に残された謎の一つを解いているとし、フロイトが第一次世界大戦のさなか『精神分析入門』で述べたつぎの文をとくに引用し、それは現代社会にひそむ破壊衝動のはげしさに対する、フロイトの鋭い感覚を象徴的に示していると言った。

「個人から目を転じてヨーロッパを今なお破壊しているこの大戦争（第一次世界大戦）を眺めるなら、数限りない野蛮、残虐、欺瞞が今文明国に蔓延するがままになっているのに気づかれよう。おだてられた幾万人の人はすべて同罪と言えないが、一握りの良心のない野心家と扇動家がこれらすべての悪しき精神を解放するのに成功したと諸君は信じないか」（第九章）。そしてマルクーゼは、フロムらが進歩を暗黙に信じていることと楽天的なことを批判した。このような批判に対して、フロムは反駁の必要も感じたし、人間のなかの悪なるものに目を向ける必要も感じた。さらに一九六三年一一月二二日に起こったケネディ大統領の暗殺と少年犯罪の暴力化傾向は彼に大きな衝撃を与えた。こうして彼は一九六〇年代には、悪・破壊性・暴力の問題に注目するようになった。

一九六四年彼は『人間の心』（邦訳『悪について』）、つづいて六年の歳月を費やした大著『人間の破壊性の解剖』（邦訳『破壊』）を発表した。彼は『人間の心』で、つぎのように述べて古い友人と同僚に釈明し、彼らの誤解を解こうとした。

「人間の心のなかの悪の可能性を過小評価しているとしばしば誤解されてきた者として、私はこのような感傷的楽天主義は私の考えのムードに合わない。精神分析家として長いあいだ臨床的経験をしてきた人は、人間のなかの破壊的な力を軽視することは困難である。……これと同じく、第一次世界大戦のはじめから悪と破壊性の爆発的な発露を目撃してきた人は、人間の破壊性の力と強さを見ないことは困難である」（鈴木重吉訳）。

フロムは攻撃性には良性のものと、悪性のものがあると考えた。良性の攻撃性は生物学的に適応しており、生命などの脅威に対する反応で、動物と人間に共通で、防衛的であり、脅威を除去することを目指している。これに反して、悪性の攻撃性は、脅威に対する防衛でなく、人間だけの特徴で、生物学的に有害で、快楽にみちている。しかしこれは、決して本能ではない。悪性の攻撃として、フロムは(1)ネクロフィリア（愛死）、(2)ナルチシズム（自体愛）、(3)近親相姦的固着の三つを挙げた。

ネクロフィリア　ネクロフィリア、すなわち死んだ者への愛ということばは、これまでつぎの二つの現象を指すのに使われてきた。(1)性的ネクロフィリア。女性の死体と性的接触をしたいという男性の願望(2)非性的ネクロフィリア。死体に触れたり、死体のそばにいたり、死体を眺めたり、死体をばらばらにしたいという願望。フロムはこのような倒錯行為としてのネクロフィリアでなく、ネクロフィリア的（愛死的）な性格特性があると考えた。この意味で、このことばを最初に使った人は、スペインの哲学者ウナムーノであった。

一九三六年スペイン市民戦争が始まったころ、フランコ派のミラン＝アストレー将軍がサラマンカ大学で講演をした。将軍の好きなことばは「死よ万歳！」であった。彼の信奉者の一人が講堂のうしろでそう叫んだ。将軍の講演が終わったとき、同大学の学長であったウナムーノは立ち上がって言った。

「たった今、私はネクロフィラスで、無意味な『死よ万歳！』という叫びを聞きました。私は、理解できない怒りを他人に起こす逆説を生涯にわたって唱え続けてきた者ですが、権威ある専門家として、私は今の奇怪な逆説には反発を感ずると言わなければなりません。ミラン＝アストレー将軍は不具者です。これはなにも侮辱的な底意をもって言うのではありません。彼は戦傷者です。セルヴァンテスもそうでした。不幸にも現在のスペインには不具者が多すぎます。もし神のご加護がなければ、まもなくその数はもっとふえるでしょう。ミラン＝アストレー将軍が大衆心理の見本を示されたと考えると胸が痛みます。セルヴァンテスのような精神的偉大さをもたない不具者は、自分のまわりの人を不具にすることに不吉な救いを求めがちです。（ここで、ミラン＝アストレー将軍は自分をもうおさえることができなかった。『知性よ、くたばれ！』と彼は叫んだ。『死よ、万歳！』ファランへ党員からこれを支持する猛烈な叫び声が起こった。しかしウナムーノは続けた）。ここは知性の聖堂です。そして私はそこの高僧です。この聖域をけがしているのはあなた方です。あなた方は勝利をおさめるでしょう。野蛮な力を十二分におもちだからです。しかしあなた方は納得させることはできません。納得させるためには説得が必要だからです。そして説得するためには、あなた方に欠けているものが必要だからです。それは戦いにおける理性と正義です。あなた方にスペインのことを考えるようすすめてもむだでしょう。これでおしまいです」。（作田啓一・佐野哲郎訳）

愛死的性格の人は、死んでいるもの、腐敗したもの、排泄物、いやな臭いにひきつけられる。彼らは病気や死について語るとき生き生きとした表情をする。子供の病気にしか関心がない母親はその例である。また彼らは新聞を見ても、死亡記事や死亡広告をまっさきに見る。彼らは、死んだものである制度・法律・財産・伝統・所有物を重んずる。言いかえると、彼らにとって、過去が神聖なものであり、また過去が現実のものと体験され、現在や未来はない。色についても黒や茶を好み、明るく輝く色は好まない。また彼らは暗闇を好み、排泄物や便所と関連のあることば（くそったれ、くそくらえ）を好んで使う。

彼らは死んでいるものを愛するだけでなく、殺すことに喜びを感ずる。殺すのには力が必要である。したがって愛死的性格の人は必然的に力を愛する。彼らにとって二つの性別があるだけである。つまり、力の強い者と無力な者、殺す人と殺される人である。彼らは殺す人を愛し、殺される人を軽蔑する。したがって彼らは生命ある者を生命のない者に変えたいという熱望をもっている。また彼らは、政治的には軍事力の増大、反対者の抑圧、暴徒のきびしい取り締まり、警察力の強化に賛成する。

機械もまた死んだものである。したがって彼らは、自分の妻よりも自分の自動車にやさしくし、それに大きな関心をもち、それを誇りに思い、ていねいに洗いみがく。

愛死的性格の人は、殺害・流血・死体・頭蓋骨・機械のような動作をする人間の夢をよく見る。

フロムは愛死的性格の一例として、スイスのすぐれた精神科医ユングを挙げた。一九二七年八月ユングがチューリッヒ近くのボーリンゲンの自宅の増築工事中、フランス兵の死体が地下二・二メートルのところから発掘された。これは、一七九九年ナポレオンがスイスに侵入し、オーストリア軍と戦っていたとき、オーストリア軍が爆破した橋から落ち溺死したフランス兵の死体であった。ユングはその死体を写真にとり、一九二七年八月二二日という発見の日付を記入して壁にかかげ、また墓の上で軍隊式に三発の空砲を撃って、死体を埋葬した。この行為は一見なんの意味もないように見えるが、彼の深層心理を示すものであった。

一九〇九年、ユングとフロイトはアメリカのクラーク大学創立二〇周年記念式典で講演することをたのまれ、渡米することになった。二人は八月二〇日ブレーメンで落ち合い、乗船することに決めた。ユングはブレーメン滞在中、北ドイツの泥炭地で発掘される死体の話を熱心にした。それは、沼の水が腐植酸を含んでいるため、骨をぼろぼろにし、皮膚をなめすので、皮膚と毛髪は完全に残り、ミイラのようになるという話であった。

フロイトは、「なんで君はそんなにこれらの死体に関心をもつのですか」とききき、会話中に突然失神発作を起こした。あとでフロイトはユングに、「君は私に敵対する死の願望をもっているのだ」と言った。

それから五年後の一九一三年一二月一二日、ユングはつぎの夢を見た。彼は暗闇のなかにいた。前に洞窟の入口があり、ミイラのような小人が一人立っていた。彼はその入口に入り、むこうの出口に出た。そこには岩の上に赤い水晶が突き出ていた。それをもち上げるとその下に穴があった。そこには水が流れていて、若者の死体が浮いていた。それに続いてカブト虫が流れてきた。それから深い水の中から赤い太陽が昇ってきた。まぶしくて彼は水晶をもとにもどした。すると流れが湧き出てきた。よく見るとそれは血であった。血の噴出は耐えがたいほど長く続いた。

その六日後の一二月一八日、ユングはつぎの夢を見た。彼は一人の茶色のはだの未開人と淋しい岩山にいた。ちょうど夜明けまえであった。彼はジークフリートの角笛を聞いた。彼はジークフリートを殺さなければならないと思い、ライフルをもって、ジークフリートを待ち伏せた。すると昇る太陽の最初の

ボーリンゲンにあるユングの家

光の中に、ジークフリートが山頂に姿をあらわした。そこで彼はジークフリートを射殺した。彼は殺人が露見しやしないかという恐怖にかられた。しかしどしゃぶりの雨が降って、犯罪の痕跡を全部洗い流してくれた。しかし彼ははげしい罪悪感をもった。彼は目がさめてから、この夢が解けなければ、自殺しなければならないと思った。ついに彼は、ジークフリートという英雄によって具現されている態度は自分には適切でないので、射ち殺したのだという解釈に達した。しかしフロムは、ジークフリートはジークムント＝フロイトに他ならないと解釈し、夢の専門家のユングがこんなことにも気づかなかったのは、彼の愛死的な構えが強く抑圧されているためだと考えた。

1909年，クラーク大学にて（向かって左から。前列フロイト，スタンレイ＝ホール学長，ユング，後列ブリル，ジョーンズ，フェレンツィ）

だがユングはきわめて創造力の豊かな人であったので、彼は破壊力を治療能力と均衡させ、過去・死・破壊への関心を輝かしい思索の対象にして、内心の葛藤を解決したのである。

愛死的性格の典型的人物はヒトラーであった。彼がワルシャワ爆撃のニュース映画を見たときの彼の興奮状態を、側近の一人はこう語っている。映画は、イギリス諸島の略図に向かって飛行機が急降下するアニメーションで終わっていた。炎がぱっと燃え上がり、島がばらばらになって空中に飛び散った。ヒトラーは熱狂し、とび上がって叫んだ。「あれが奴らの運命だ。あのように全滅させてやろう！」

ヒトラーはユダヤ人の絶滅をはかっただけでなく、ドイツの敗色が濃くなったとき、ドイツの焦土作戦を命じた。すなわち、彼は、生活を維持するために必要なすべてのもの、配給・婚姻・住民登録・銀行の預貯金などの全書類の焼却、農場・家畜・食糧の破壊と焼却、爆撃から免れた建物や芸術品、すなわち宮殿・城・教会・劇場の破壊を命じた。ヒトラーが、ベルリン・ウィーン・ミュンヘンの都市計画の立案者で、建設者であったことを考えると、彼は破壊するために建設したと言える。

肛門性格は、さきに述べたように、規律の正しさ、倹約、強情の性格特性をもち、またサディズムと破壊性の特徴をもつ。またフロムの研究によると、この性格の人は排泄物に非常に関心をもつ。これらのことから、フロムは愛死的性格は、肛門性格の悪性型だと考えた。

生の蔑視、力の強調、機械的なものの賞賛のあいだに関連があることは、ここ数十年間に明らかになったことであるが、このことは早くも一九〇九年イタリアの詩人マリネッティの『未来派宣言』のなかに簡潔に表現されている。その一部を挙げると、

1、われわれの詩の本質は、勇気、大胆、反逆になるべきだ。

2、これまでの文学は、思慮深い不動性、恍惚、眠りを賛美してきた。しかしわれわれは攻撃的な運動、熱にうかされた不眠、クィックーステップ、とんぼ返り、平手打ち、なぐり合いをたたえよう。

3、世界の輝きは新しい美、スピードの美で豊かになったとわれわれは宣言する。レーシングカー、爆発的な息を吐くヘビのように大きなパイプで飾られたその枠組……霰弾に乗って走っているかのように見える咆哮する自動車。

4、争い以上に美しいものはない。攻撃なしに傑作は生まれない。

5、われわれは戦争——世界の唯一の健康の源——軍国主

ナチの残虐性

ダッハウ強制収容所で殺された囚人

未来派は生活のダイナミズムを表現しようとした。
（セヴェリーニの「道化役者の舞踏会」1912年）

義、愛国主義、アナキストの破壊的な腕、殺すことの美的観念、女性蔑視をたたえたい。

6、われわれは博物館・図書館を破壊し、道徳主義、フェミニズム、すべての日和見主義的・功利主義的な卑劣さと戦いたい。

7、われわれはつぎの歌を歌う。労働や快楽や反逆で興奮している大群集。現代の大都市における多彩で、多音な革命の波（サーフ）。電気のはげしい月の下にある兵器廠や工場の夜の振動。煙を吐くヘビを呑み込む貪欲な停車場。煙の紐で雲からぶらさがっている工場。太陽で輝く川の凶暴な刃物を体操家のように飛び越える橋。水平線のにおいをかいで進む冒険的な定期船。レールの上を意気揚々と進む広い胸をした機関車。プロペラの音が、旗のひらひらする音や熱狂した群集の喝采に似ている滑走飛翔する飛行機。

愛死的性格に対立するのが、愛生的（バイオフィリア的）性格である。それは生命を尊重し、生命・成長・発展を促進しようとし、古いものに確証を見いだして安心するより、新しいものを見ることを好み、確実性より冒険的な生き方をし、人を品物のように管理せずに愛と理性によって影響を与えようとし、生に寄与するものを善とみなす態度である。フロムは「自由な人はなによりも死について考えることがいちばん少ない。彼の知恵は死についての省察でなく、生についての省察である」というスピノザの『エチカ』のことば（第四章、命題六七）こそ、愛生的な倫理を端的に示すものと考えた。

フロムはネクロフィリアに関連して、死の本能を批判した。彼はそれに反対する理由を二つあげた。(1) たいていの生物は生きるため執拗に戦う。自己破壊（自殺・自害）は例外的である。(2) 破壊性には個人差があるが、この個人差は死の本能が内に向いたとか、外に向いたとかで説明できない。なぜなら、他人に対する破壊性がきわめて少ない人では、自己破壊やマゾヒズムの傾向がそれに応じて強くないからである。

そこで彼は、死の本能、生の本能という「二元性は、死の本能が最後に勝利をおさめるまでたえず戦う生物学的な二つの本能の二元性ではなく、生命を保存したいという一次的で、もっとも根本的な生命の傾向と、この目標に失敗したとき生ずるその矛盾（生命の否定）とのあいだの二元性である」と考えた。つまり死の本能は、生の本能が成長しなければしないだけ成長し、それにとって代わる悪性の現象である。それゆえ、死の本能は精神病理学が扱うもので、フロイトの見解のように正常な生物学では扱えないものである。生の本能が一次的な潜勢力(ポテンシャル)で、死の本能は二次的な潜勢力である。適当な温度や湿度が与えられれば種子が生育するように、生に適当な条件が与えられれば愛生的な傾向が発達し、与えられなければ愛死的な傾向が発達するとフロムは考えた。

ナルチシズム　ナルチシズムは、フロイトの意味では、リビドーが自己に注がれることであるが、フロムはこれを解釈し直して、自分は完全で、他人よりすぐれていると主観的に信ずることだとした。つまり私、あるいは私のもの(私の身体、才能、財産、子供等)だから価値がある(良く、美しく、賢く、すぐれている)と判断を下すことである。しかしこのような人は、逆に自分以外の人、あるいはものは劣等で、危険で、不道徳だと考えている。すなわち自分と自分のものは過大評価され、それ以外のすべてのものは過小評価される。こうして理性と客観性は失われてしまう。

ナルチシズム的な人は自分や自分のものが傷つけられると(たとえば、ばかにされると)、怒りをおこして、自分を傷つけた相手に復讐心をもったり、あるいは自我が崩壊して、抑うつ状態におちいる。つまりしょげてしまう。

ナルチシズムの対象が個人でなく、自分の属する集団の場合を、フロムは集団(社会的)ナルチシズムとよんだ。つまり私の国、わが国民、私の信仰する宗教、私が所属する政党は、文化的で、強力で、平和を愛好する等々と考えることである。

集団ナルチシズムはつぎの機能をもつ。第一に、集団は、集団の成員のナルチシズム－エネルギーを与えられなければ、つまり成員が自己の集団を自分の生命と同じくらい大切に思い、自分の集団は他の集団に比べて正しいと考えていなければ、生きのびることができない。第二に、社会でもっともみじめで尊敬されない一員であっても、「おれは世界中でいちばんすばらしい集団のメンバーだ。本当は虫けらみたいなこのおれがこの集団に入っているために巨人になれるのだ」と感ずると、自分のみじめな状態は償われる。つまり集団ナルチシズムは、ほかには誇りや自分の価値を感じていない人に満足感を与える。したがって集団ナルチシズムの程度は、人生における実際の満足と逆比例する。人生をより楽しんでいる社会階級

ナルキソスの像

ナルチシズムの語源になった（ナポリ国立博物館蔵）

は、下層中産階級のように、経済的・文化的な分野で乏しさを味わい、退屈な生活を送っている階級に比べると、集団ナルチシズムの程度が少なく、狂信的でない。

集団ナルチシズムをもった人は、集団に加えられた危害や侮辱（現実のものも、想像上のものでも）に狂気に近い怒りで反応する。一方、他の集団は悪党で、無慈悲で、残酷で、平和愛好的でないとされる。また集団ナルチシズムのシンボル――旗・皇帝・大統領等々――が汚されると、狂気に近い怒りが起こる。国旗に対する不敬行為、自分たちの神や皇帝に対する侮辱が集団のはげしい復讐心を起こし、戦争のきっかけになることもある。要するに、集団ナルチシズムも個人のナルチシズムのように、客観性と合理的判断を欠くのである。

近親相姦的固着

フロイトは、男の子は幼児期に母親に対して愛着をいだき、父親に対して憎しみをいだくこと（エディプス－コンプレックス）を観察し、この現象は男の子の性欲のために起こると考えた。しかし性的ライバルである父親の力が強いため、幼児は母親に対する近親相姦的な欲求を抑圧する。けれどもこの欲求は、無意識では生き続け、独立心を失わせたり、神経症をひき起こす原因になる。

のちにフロイトは、女の子のエディプス－コンプレックス（この場合は母親を憎み、父親に愛着をいだく）を研究中、女の子には、父親に愛着をいだく時期（エディプス期）のまえに母親に愛着をいだく時期があることを見逃していたことに気づいた。そして彼は、それはギリシア文明（前八〜前一世紀）のまえにミノス（クレタ）文明（前二〇世紀）やミケーネ文明（前一五〜前一三世紀）があることを発見したときの驚愕に匹敵するといった。要するに、フロイトによると、前エディプス期（生後四、五歳まで）には、男の子も女の子も母親に愛着をいだいている。

フロムは、母親への前エディプス期のこの愛着——近親相姦的固着——は、母親に対する男の子のエディプス的な愛着とは質的に異なったものであり、リビドーとは関係がなく、人間に存在するもっとも基本的な欲求を充足させるものだと考えた。すなわち、それは自分が生まれ出たところに結びついていたいという願望、保護されたいという願望、自由になる恐れや責任に伴う恐れから免れたいという渇望、無条件的な愛の切望等を満たしてくれる。こういう願望は普通幼児にある。そして母親がそれを満たしてくれる人物である。もし母親が満たしてくれないなら、幼児は生存できないだろう。この役割を果たす人物がいないなら、母親の代わりになる人物、たとえば祖母か伯母がそれをするだろう。

しかし幼児が無力で、保護を求めているだけでなく、大人もまた無力である。大人は幼児以上に人生の危険——予測できない事故・病気・死等——を知っている。だから、大人が保護と愛情を与えてくれる力を熱狂的に求めるのも当然である。それは母親を求める心の反復というだけでなく、幼児に母親を求めしめるのと同じ条件が、次元は違っているが存在し続けているためである。もし人が生涯にわたって母親にあたる人を見つけることができれば、安らぎを与えられ、悲劇から免れられるだろう。

母親は、保護と安心感を与えてくれる力の最初の人格化であるが、子供が大きくなるにつれて、一人の人間としての母は、家族・血族、あるいは同じ土地に生まれた人におきかえられる。これはつぎの利点がある。第一に、母親は子供より早く死ぬから、不滅の母性という像が必要になる。第二に、一人の人間としての母にしがみついていると、別の母をもつ人から孤立してしまう。しかし血族・国民・民族・宗教・神が共通の母になれば、母親崇拝は個人を超え、同一の母の偶像を崇拝するすべての人を結びつけ、また自分の母親を偶像視することに当惑しなくてもすむようになる。マリア崇拝、民族主義、愛国主義は、こういった共通の「母」の崇拝である。

要するに、近親相姦的固着は、母親、あるいは母親の代理への非合理な依存であるが、これには良性型の母親固着と悪性型の近親相姦的共生の二つがある。

良性型によく見られるものは、自分を愛し、慰め、賞賛してくれる女性に固着することである。彼は、その女性が母親がしてくれたように自分を世話してくれることを望んでいる。彼はこれがえられないと、軽い不安や抑うつ状態におちいる。これよりやや重症のものは、独立心が発達しそこねている場合である。たとえば、母親のようにかしずいてくれる人や無条件にたよれる人に固着すること、母親そっくりの人を妻に選ぶことである。この後者の場合、彼は妻が立腹しないかとたえず恐れている。彼は無意識では反逆し、罪悪感を感じ、そしていっそう従順に服従する。この反逆は、浮気、うつ状態、発作的な怒り、心身症の症状、性的不能症、同性愛としてあらわれる。

以上の母親固着より悪性なものが、近親相姦的共生である。共生というのは、さきにも述べたように、相手と一体になり、相手なしにやって行けないことである。共生の度合いが強くなるほど、相手と分離しているという実感が少なくなる。ここで共生と依存の違いが問題になるが、依存は二人のあいだに分離があり、明確な区分があることであり、共生は区分がなく、二人が分離しがたい存在と感じていることである。

近親相姦的固着の良性型は、上に述べたように女性に依存し続けるとか女性恐怖ぐらいでこれといったことはないが、悪性型になると、依存と恐れは強くなり、相手は神聖になり、批判してはならないものになる。それゆえ、近親相姦的固着の悪性型は理性や客観性と衝突する。もし固着の対象が家族・政党・国家・民族になると、これらへの固着は本来美徳と考えられているから、偏見や歪《わい》曲を伴った判断が生じやすい。

第二に、近親相姦的固着の悪性型では、血や土地を同じくする者だけが人間と考えられ、異邦人は野蛮人とみなされる。つまり近親相姦的固着は愛する能力を損うのである。

第三に、近親相姦的固着の悪性型は、独立心や誠実さと葛藤を起こす。母親や種族に結びついている人は、自分自身であることや自分自身の信念をもつことができないし、世界に対して胸襟を開

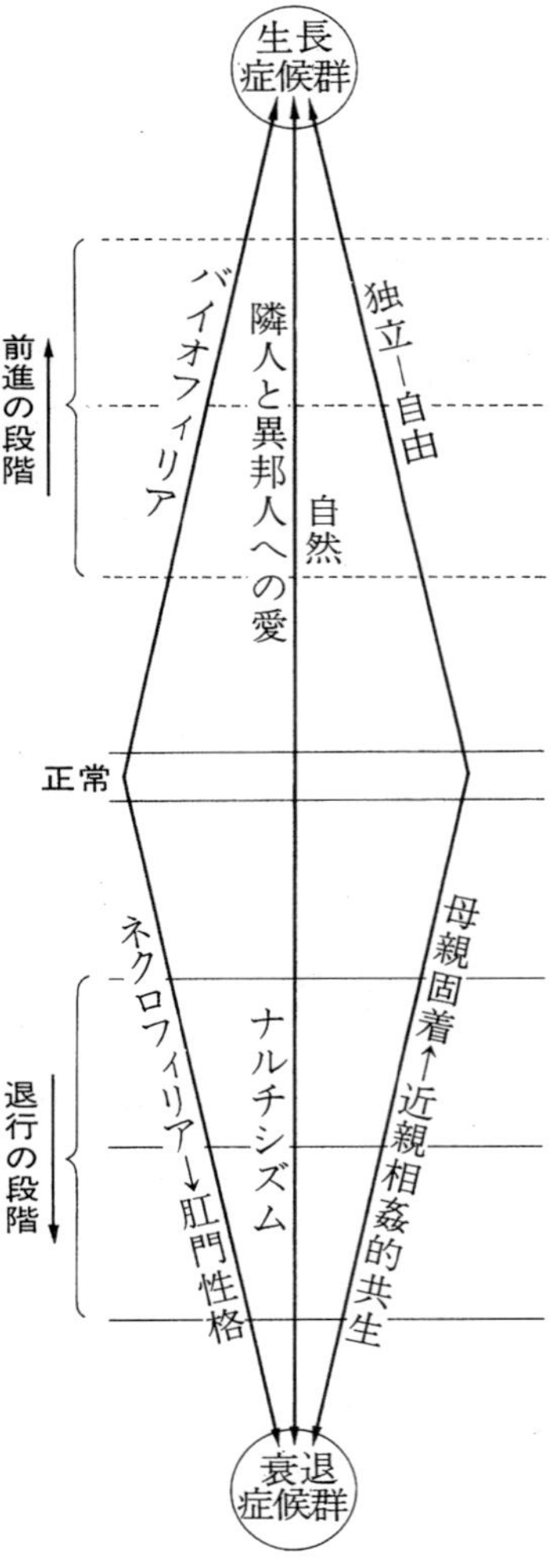

くことができない。彼が近親相姦的固着から解放されてはじめて、彼は完全にこの世に生まれ、自由に前進でき、自分自身になれるのである。

しかし近親相姦的固着は理性的に見えるように合理化（理屈づけ）されることが多い。たとえば、母に仕えるのは私の義務だとか、今の私の生活は母のおかげだとか、母はずいぶん苦労してきたというふうに理屈がつけられる。対象が母親でなく、国家・民族・政党等の場合も同じである。こうして国家に忠誠を尽くす義務があるとか、国家はすばらしいという考えが生まれる。

ここで、これまで述べたネクロフィリア・ナルチシズム・近親相姦的固着の三つの構えを比較してみよう。ある人は、これら三つの構えのうちの一つだけをもち、他の二つをもっていないことが

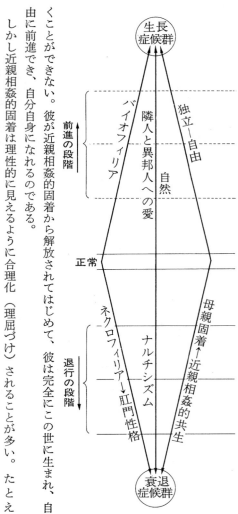

多い。ところが上の三つの構えは悪性になればなるほど、一つに集中してくる。とくに近親相姦的固着とナルチシズムは関係が深い。個々の人が母親の子宮や乳房から分離しないうちは、彼と彼の母親は一体だから、彼と彼の母親はナルチシズムの対象である。個人のナルチシズムが集団のナルチシズムになると、それと近親相姦的固着との関係はもっと明瞭になる。私の国家（または、民族・宗教・政党・会社）に対する賞賛と私の国家との一体化、あるいは合一は平行して進む。これに私の国家以外の国家（または民族・宗教・政党等）は邪悪だから破壊してしまえという願望、つまりネクロフィリア的願望が結びつく。フロムは、この三つの構えが結合したものを衰退症候群といい、悪の典型とした。すなわち、それは、死と破壊を愛し、独立を恐れ、自分の属する集団の要求のみが真実であるとするものである。そして自分の構えを、愛国心・義務・名誉ということばで合理化する。これに対立するものが生長症候群で、愛と独立と自由で特徴づけられるものである。フロムは衰退症候群の極端な例としてヒトラーを挙げ、彼の暴力・憎悪・人種差別、極端な民族主義はそのあらわれとした。

退屈と攻撃性

フロムは、以上三つの悪性の攻撃性の他に、現代社会では退屈が悪性の攻撃性を生み出す上で大きな役割を演じている、と言った。

退屈というのは刺激を受けても興奮しない状態である。もちろん軽症の退屈の場合は、刺激が変われれば興奮が起こり、退屈もおさまる。しかし重症の場合は、どんな刺激を加えても興奮しない。エレクトロニクスに支配されている現代社会では、退屈は社会全般にみなぎっている。しかし退屈の度合いは各階級で異なり、労働者階級がいちばん退屈している。なぜなら、彼らは計画立案に加わったり、創造的・知的な能力を発揮する――つまり生産的に生きる――ことが許されていないからである。そこで人びとは退屈をまぎらわすため、強烈な刺激・スリル・セックス・サスペンスを求める。車での暴走、グループ・セックス、麻薬の使用、流血や殺人を扱ったテレビを見ることは、退屈から逃れる手段である。「退屈からの逃避」こそ、現代人の主要な目標である。

フロムは、いかなる刺激を加えても興奮しない重症の退屈を、抑うつ性退屈とよんだ。このような人は感情が凍りついていて、悲しみも苦痛も感じず、世の中は灰色であり、空は青くなく、人生に欲望をもたず、生きているより死んだほうがましだと思っている。彼は、このような人は内因性うつ病に似ているが、罪悪感をもっていないことと、うつ病特有の表情をしていないことから、内因性うつ病ではないと考えた。このような人は理由なき衝動的な殺人を行うことがある。彼らにとって、殺すということが、自分が存在していること、他人に影響を及ぼすことができることを知る唯一の方法なのである。

彼は現代社会は生命を愛する気分が稀薄だから、このような悪性の攻撃がはびこるだろうという悲観的な結論を述べた。

あとがき

フロムを批判したのは、彼の古い同僚、すなわちホルクハイマー・アドルノ、そしてとくにマルクーゼであった。マルクーゼは一九五六年『エロス的文明』を著し、そのなかでフロム等新フロイト派を「修正派」とよび、彼らに痛烈な批判を浴びせた。

彼は、修正派が文化的・社会的因子をもちだすことは、現代社会の文明を神聖化することになると言った。つまり、彼らがそういう因子をもち出すこと自体、彼らが社会制度を客観的存在として、また完成し、固定したものとして考えている証拠である。このことから必然的に、そういう社会への適応が重んぜられ、またそういう社会の倫理である愛・責任・幸福といった価値が重視されることになる。修正派は社会とか文化をもち出すために進歩的に見える。しかし内実は保守的である。「修正派の哲学は表面的な現実に批判を向け、一方批判される当の社会の根本的前提を受け入れることとからなっている」。反体制の哲学者マルクーゼは、フロム等のこの「えせ進歩主義」に我慢がならなかった。

マルクーゼはまた、フロムがフロイトの理論から性をそぎ落としたことは、社会が加えている抑圧を無視することになり、その結果、人間を規制している社会の弊害を過小評価することになると言った。マルクーゼにとって、抑圧の廃棄がもっとも重要な問題であった。

フロムもこれに負けていず、精神分析の実地にたずさわったこともない哲学者がなにを言うか、マルクーゼこそフロイトを歪曲《わいきょく》していると反論した。それはともかく、興味深いのは、フロイトの理論から性をそぎ落とし、その代わりに社会的・経済的因子を入れたために一九四、五〇年代には進歩派の旗がしらとされたフロムが、六、七〇年代には性をそぎ落としたために保守派の巨頭とされた世の移りの激しさであり、また批判するほうも、されるほうも、フロイトを歪曲しているとののしり合ったことである。

フロムの評価は人さまざまであろう。しかし第二次世界大戦後に登場した思想家のなかで、フロムほど多くの人に読まれ、親しまれた思想家はいなかった。それは、マルクーゼの比ではなかった。たとえば『自由からの逃走』はわが国でも、百万近い読者をえたといわれる。それが読まれたのは、やはり読者の欲求をみたし、共感を与えたからであろう。もし本書の読者で、まだフロムの本を読んだことのない方は、一冊でもいいから、読んで欲しいというのが、私の最後のことばである。

終わりに、本書出版にあたっていろいろお世話になった清水書院編集部の飯田倫子さんに厚くお礼を申しあげたい。

フロム年譜

西暦	年齢	年譜	背景をなす社会的事件ならびに参考事項
一九〇〇年		三月二三日、フロム生まれる（フランクフルト-アム-マインにて）	
一四	14歳		第一次世界大戦勃発
一八	18	フランクフルト大学に入学	第一次世界大戦終了
二〇	20	自由ユダヤ学園の設立に協力	ベルリン精神分析診療所設立
二二	22	ハイデルベルク大学で哲学博士の学位を受ける	
二三	23	ベルリン精神分析研究所に訓練生として入る	二月、フランクフルト社会研究所創立
二六	26	六月、フリーダ＝フロム＝ライヒマンと結婚し、ハイデルベルクに移る	ドイツでインフレ激化
二七	27	南西ドイツ精神分析研究グループを結成 「安息日」発表（『イマゴー』一三巻）	
二九	29	フランクフルト精神分析研究所の所員になり、フランクフルト社会研究所所員を兼ねる	世界経済恐慌始まる
三〇	30	「キリスト教の教義の変遷」発表（『イマゴー』	ホルクハイマー、フランクフルト社会研

		一六巻）	究所所長になる
一九三一	31歳	「精神分析と政治」発表（『精神分析運動誌』三巻）	
三二	32	「分析的社会心理学の方法と課題」 「精神分析的性格学とその社会心理学との関係」発表（『社会研究雑誌』一巻）	七月、ナチ第一党になる 『社会研究雑誌』創刊 シカゴ精神分析研究所設立され、カレン＝ホーナイ渡米
三三	33	三月、両研究所、ナチにより閉鎖を命じられ、失職 「ブリフォールトの母権に関する著書」発表（『社会研究雑誌』二巻） 九月、ホーナイの尽力により、シカゴ精神分析研究所に亡命	一月三〇日、ヒトラー、首相に就任 三月、ヒトラー、独裁権を得る ホルクハイマー、スイスに亡命 三月、ルーズベルト、大統領に就任 『社会研究雑誌』九月からパリで刊行
三四	34	ニューヨークに移り、社会調査研究所所員になる 「母権理論の社会心理学的意義」発表（『社会研究雑誌』三巻）	ホルクハイマー、コロンビア大学に社会調査研究所を設立
三五	35	「精神分析療法の社会的制約性」を発表（『社会研究雑誌』四巻）	スペイン市民戦争起こる
三六	36	『権威と家族に関する研究』に「社会心理篇」を発表	ヒトラー、ベルサイユ条約を廃棄し、再軍備を行う

一九三七	37歳	「無力感について」発表（『社会研究雑誌』六巻）	イタリア、エチオピアに侵入 ホーナイ、『現代の神経症的パーソナリティ』を発表、新フロイト派のはじめ
三九	39	「意志療法の社会哲学」「利己主義と自己愛」発表（『精神医学』二巻） 社会調査研究所を辞任	九月、ドイツ軍、ポーランドに侵入し、第二次世界大戦勃発
四〇	40		六月、ドイツ軍、パリ占領 『社会研究雑誌』ニューヨークで出版
四一	41	ホーナイ等とアメリカ精神分析研究所設立 ベニントン－カレッジ教授に就任 『自由からの逃走』出版	六月、独ソ戦勃発 一〇月、ゾルゲ、逮捕される 一二月、アメリカ、参戦する
四三	43	ホーナイと別れ、ウィリアム－アランソン－ホワイト研究所を設立 「性と性格」発表（『精神医学』六巻）	
四四	44	フロム＝ライヒマンと離婚し、ヘニー＝ガーランドと再婚	
四五	45		四月、ルーズベルト没し、トルーマン昇任 五月、ドイツ、無条件降伏
四七	47	『自分自身のための人間』（邦訳『人間における	

		自由』)出版	
一九四九	49歳	妻の病気のため、メキシコに移住	五月西独、一〇月東独成立
五〇	50	『精神分析と宗教』出版	
五一	51	『忘れられた言葉』(邦訳『夢の精神分析』)出版	
五二	52	メキシコ国立大学教授に就任	
五三	53	妻ヘニー、死す。一二月、アニス＝フリーマンと再婚	三月五日、スターリン死す アイゼンハウアー、大統領に就任
五五	55	『正気の社会』出版	
五六	56	『愛する技術』(邦訳『愛するということ』)出版 マルクーゼから批判される	二月、フルシチョフ、スターリン批判演説 マルクーゼ、『エロス的文明』出版
五九	59	『フロイトの使命』出版	
六〇	60	『禅と精神分析』出版	ケネディ、大統領に当選
六一	61	『人間は栄えるべきか』(邦訳『人間の勝利を求めて』)、および『マルクスの人間観』出版	
六二	62	『幻想の鎖を超えて』(邦訳『疑惑と行動』)出版	一〇月、キューバ危機 アメリカのベトナム軍事介入強化
六三	63	『キリストの教義』(邦訳『革命的人間』)出版	一一月二二日、ケネディ大統領暗殺、ジョンソン、大統領に昇任
六四	64	『人間の心』(邦訳『悪について』)出版	八月、トンキン湾事件
六五	65	メキシコ国立大学退職	二月、アメリカ、北爆開始

一九六六	66歳	『社会主義ヒューマニズム』編集出版 『なんじ神のごとくあれ』（邦訳『ヒューマニズムの再発見』）出版	
六七	67		一一月、マッカーシー、アメリカのベトナム政策変更要求
六八	68	予備選挙に際し、マッカーシーを支持し、奔走す 『希望の革命』出版	一一月、ニクソン、大統領に当選
七〇	70	『精神分析の危機』および『メキシコの一村落における社会的性格』（マコービーと共著）出版	
七三	73	『人間の破壊性の解剖』（邦訳『破壊』）出版	三月、アメリカ軍、ベトナムから撤兵
八〇	79	三月一八日、スイスのマジョーレ湖畔の町ムラルトで心臓発作で死去（八〇歳誕生日の五日前）	

参考文献

●フロムの著書の翻訳書

『自由からの逃走』 日高六郎訳――東京創元社 昭26
『夢の精神分析』 外林大作訳――東京創元社 昭27
『精神分析と宗教』 谷口隆之助・早坂泰次郎訳――東京創元社 昭28
『人間における自由』 谷口隆之助・早坂泰次郎訳――東京創元社 昭30
『正気の社会』 加藤正明・佐瀬隆夫訳――社会思想社 昭33
〃 (『世界の名著』に収録)――中央公論社 昭49
『愛するということ』 懸田克躬訳――紀伊国屋書店 昭34
『フロイトの使命』 佐治守夫訳――みすず書房 昭34
『禅と精神分析』 小堀宗柏・佐藤幸治他訳――東京創元社 昭35
『人間の勝利を求めて』 斎藤真・清水知久訳――岩波書店 昭39
『疑惑と行動』 阪本健二・志貴春彦訳――東京創元社 昭40
『悪について』 鈴木重吉訳――紀伊国屋書店 昭40
『革命的人間』 谷口隆之助訳――東京創元社 昭43
『ヒューマニズムの再発見』 (昭55『ユダヤ教の人間観』と改題) 飯坂良明訳――河出書房新社 昭43
『マルクスの人間観』 樺俊雄他訳――合同出版 昭45

『希望の革命』　作田啓一・佐野哲郎訳――紀伊国屋書店　昭48
『精神分析の危機』　岡部慶三訳――東京創元社　昭49
『破　壊』　作田啓一・佐野哲郎訳――紀伊国屋書店　昭50
『権威と家族』　安田一郎訳編――青土社　昭52
「マルクス理論に対するヒューマニスティックな精神分析の適用」堀孝彦訳
（『社会主義ヒューマニズム』（上巻）　フロム編、城塚登監訳―紀伊国屋書店　昭42、所収）
「分析的社会心理学の方法と課題」
（〔ドイツ語からの訳〕『精神分析と唯物論』　山崎カヲル・岩永達郎訳編―イザラ書房　昭46、所収）
（〔英訳からの訳〕上記『精神分析の危機』所収）

●研究書

『精神分析の発達』　ソンプソン著、懸田克躬訳――角川書店　昭32
『エロス的文明』　マルクーゼ著、南博訳――紀伊国屋書店　昭33
『フロイドの系譜』　ブラウン著、宇津木保・大羽蓁訳――誠信書房　昭38
『ゾルゲ追跡』　ディーキン・ストーリィ著、河合秀和訳――筑摩書房　昭42
『フロムとの対話』　エヴァンス著、牧康夫訳――みすず書房　昭45
『弁証法的想像力』　ジェイ著、荒川幾男訳――みすず書房　昭50
『フランクフルト学派』　シュミット著、生松敬三訳――青土社　昭50

さくいん

【人名】

【事項】

【書名】

フロム■人と思想60　　定価はスリップに表示

1967年5月1日　第1刷発行©
2016年6月25日　新装版第1刷発行©
2021年10月10日　新装版第2刷発行

・著　者 ……………………………… 小松《こまつ》　攝郎《せつろう》
・発行者 ……………………………… 野村久一郎
・印刷所 ……………………………… 大日本印刷株式会社
・発行所 ……………………………… 株式会社　清水書院

〒102-0072　東京都千代田区飯田橋3-11-6
Tel・03(5213)7151～7
振替口座・00130-3-5283
http://www.shimizushoin.co.jp

検印省略
落丁本・乱丁本は
おとりかえします。

CenturyBooks

Printed in Japan
ISBN978-4-389-42012-3

CenturyBooks

清水書院の〝センチュリーブックス〟発刊のことば

近年の科学技術の発達は、まことに目覚ましいものがあります。月世界への旅行も、近い将来のこととして、夢ではなくなりました。しかし、一方、人間性は疎外され、文化も、商品化されようとしていることも、否定できません。

いま、人間性の回復をはかり、先人の遺した偉大な文化を継承して、高貴な精神の城を守り、明日への創造に資することは、今世紀に生きる私たちの、重大な責務であると信じます。

私たちがここに、「センチュリーブックス」を刊行いたしますのは、人間形成期にある学生・生徒の諸君、職場にある若い世代に精神の糧を提供し、この責任の一端を果たしたいためであります。

ここに読者諸氏の豊かな人間性を讃えつつご愛読を願います。

一九六七年

SHIMIZU SHOIN